平凡社新書
1023

教養としての日本の城

どのように進化し、消えていったか

香原斗志
KAHARA TOSHI

HEIBONSHA

はじめに

日本の城と聞いて多くの人が思い浮かべるのは、水を豊かに湛えた堀に囲まれ、石垣が高く積まれ、高層の天守がそびえる光景ではないだろうか。

たしかに、こうした壮麗な城を前にしたら、敵は怖気づくだろう。事実、城とは元来、敵の侵攻を防ぐための構築物である。だが、そうした軍事的な施設がもっとも必要とされた戦国時代には、いま記したイメージにくらべると、城ははるかに貧弱なつくりだった。堀は空堀で、それを掘った土を盛り固めた土塁がめぐらされ、石垣はほとんどない。あっても簡易的な石垣で、石を積む技術も未熟。もちろん天守のような高層建築はなく、ほかにも豪奢な建造物はみられなかった。

むろん、防御の工夫を凝らした土の城には、別種の価値があるが、十六世紀後半になると、石垣を多用した城が急増し、天守とよばれる高層建築も出現する。

折しも、ヨーロッパから伝来した鉄砲の戦闘における有効性が確認され、戦い方が変わりつつあった。鉄砲の射程距離を考慮して堀の幅は広くなり、大兵力を収容できるように城内のスペースは大きくとられ、広範にめぐらせた石垣、そのうえに、銃弾や砲弾を防げる堅固な塀や櫓（やぐら）が建てられるようになっていった。

その流れをつくったのが織田信長だった。それもにわかに、かつ決定的に。割拠する群雄のなかから抜け出て、自身に権力を集中させた信長は、城をたんなる軍事的な拠点にとどめず、みずからの権力と権威を世に知らしめるためのシンボリックな装置に発展させた。信長が天正四年（一五七六）から琵琶湖の東岸に築いた安土城は、日本の城としてはじめて総石垣で築かれ、煌びやかに飾られた五重の高層建築である天主がそびえ、要所の瓦には金箔が押された。

冒頭に記した日本の城のイメージは、この安土城にはじまっているが、そこで疑問が生じてくる。それまでの城とあまりにも姿を異にするこの権力の拠点は、信長というカリスマ性のある武将の独創性から生み出されたものなのか。あるいは、日本人の創意工夫の賜物だろうか。

もちろん、それは否定しない。しかし、なにかの影響を受けずに、それまでの日本に類例がない五重六階の豪華絢爛たる高層建築を建て、いきなり城全体を累々たる石垣で囲むという発想を得たと考えるなら、信長を買いかぶりすぎではないだろうか。

信長が安土城を築いた当時、習俗に影響をあたえていたものになにがあったか。挙げられるひとつにキリスト教やヨーロッパ趣味がある。武将たちがヨーロッパから取り入れたのは鉄砲だけではない。洗礼を受けた武将も多く、西洋の甲冑が輸入され、それに似せた和洋折衷の南蛮具足が武将たちのあいだで大流行した。

戦争用のアイテムだけではない。信長は京都で開催したイベント「馬揃え」で、金紗の唐織物を羽織って花を挿した帽子をかぶり、イエズス会の巡察師から贈られた黄金の飾りがつく真っ赤な椅子に座った。見事なまでのヨーロッパかぶれである。

本能寺に斃れるまでに、信長は宣教師と何十回も面会し、宣教師たちによれば、彼らからさまざまなことを聞きだし、自分の治世や築いた城について、遠く離れたインドやヨーロッパにどう伝わるか、神経質なほど気にしていた。そんな信長が、類例のない城を築いたのである。信長の独創だと判断する前に、ヨーロッパの人からの影響もあったと考えてみてもいいのではないだろうか。

治世の途中からキリスト教の禁教政策を推し進めた豊臣秀吉も、南蛮貿易は重視しつづけ、ヨーロッパ趣味もあらためなかった。大坂城内にヨーロッパ風の外套がたくさん飾られ、天守の内部には華麗なベッドが置かれていたのが目撃されている。ヨーロッパ趣味は為政者たちの生活に深く浸潤していたのである。

城は日本の歴史や文化を理解するための鏡

そうである以上、だれもが思い描く城、すなわち石垣上に天守がそびえる城のルーツに、ヨーロッパ趣味の影響を想定しても、不自然ではないだろう。事実、十六世紀半ば以降のおよそ八十年間は、明治以前の日本の歴史において、日本が海外に向けてもっとも開かれていた時代だった。

秀吉の死後も、豊臣氏が滅亡した大坂夏の陣まで築城ラッシュが続き、城を築くための技術は短いあいだに飛躍的に進んだ。キリスト教への弾圧ははじまっていたが、日本人の目はまだ外にも向けられていた。海外まで包含する広い視野をもち、役立つものや魅力あるものは積極的に導入するという進取の気性なくして、日本の城はこれほど急に進化を遂げただろうか。

その証拠に、徳川幕府が鎖国を徹底してからは、城の進化はぴたりと止まった。土木や建築の技術は革新されず、建築スタイルも更新されなくなった。武家諸法度であらたな築城が原則として禁じられた影響も大きかったが、例外として新規の築城が許された場合も、失われた建築を再建する場合も、過去の様式を繰り返しもちいるだけで、創造性はみじんも見られなくなってしまった。

日本の城は、日本人の目が世界に開かれているときにこそ輝き、開かれた窓が閉められた途端に色あせていったのである。

もともと軍事的な施設だった城は、信長という傑出した支配者によって権力と権威の象徴になり、政治や文化の拠点として機能するようになった。それだけに、城には日本の歴史や文化の諸相が幾重にも映しだされる。そして今日を生きる私たちに、歴史や文化をより深く理解するための視座を提供してくれる。

そのひとつはいま述べたとおり、ヨーロッパの影響が失われると停滞した、という視座だが、同時に城は、世界と異なる日本の独自性や特殊性を映す鏡でもある。

日本の城はいざ工事がはじまると、きわめて短期間で完成した。広壮な城があっという間に完成するのを見て、宣教師たちは驚きをたびたび書き留めている。工期が短いのはいわゆるプレハブ建築のように、あらかじめ加工しておいた木材を一気に組み立てる、木造軸組み工法のおかげだった。この日本の伝統工法では釘をほとんど使わないので、建物が不要になれば解体して移築し、別の場所で再利用するのも容易だった。そのことは日本に、ヨーロッパのような歴史的景観が形成されにくい一因であったようにも思われる。

また、御殿の内部に描かれた障壁画をヨーロッパの宮殿を飾った絵画とくらべれば、人間の生き方に、ときに世俗の権力以上に厳しく介入する神が、日本には不在であったことがよくわかる。徳川幕府はそんな神に左右されるのを嫌い、二百年以上も国を閉ざしたのである。

災害に見舞われる頻度も世界的にみると異常で、そのたびに各地の城は甚大な被害を受け、大名たちは修復に莫大な予算を投じることを余儀なくされた。災害が少なく、城の維持や管理がもっと容易だったら、日本の城は明治維新後にあれほどあっさりと破壊されなかったかもしれない。

このように城から見えてくることは多い。

城のブームは長く続いており、全国の城郭を訪れ歩く人は多い。しかし、ただ愛でるだけではなく、城を軸にして歴史や文化を広く俯瞰してほしい。すると、城はあたかも万華鏡のように、世界を多面的に映しだす。歴史や文化について断片的に理解していた事柄が、城を媒介にすると、目からうろこが落ちるように有機的につながる。あるいは、気づいていなかった諸相が鮮やかに浮き上がる。

そうした実例を以下に十二章にわたって示していきたい。

教養としての日本の城●目次

五稜郭
松前城
彦根城
安土城
二条城
姫路城
丸亀城
松山城
熊本城
島原城
原城
江戸城
小田原城
名古屋城
大坂城
高知城
宇和島城

本書に登場する城

第1章 安土城

奇想天外な高層建築が突如誕生した理由

見せるための城の誕生

日本の城といえば、高い石垣上にそびえる高層の天守を思い描く人が、きっと多いに違いない。たしかに江戸時代の幕藩体制下にかぎれば、藩主の居城の多くに天守が建っていた。けれども、全国に三万以上あったともいわれる城の大半は、「土から成る」という字のなりたちが示すように、空堀を掘った土で土塁を築いた戦闘のための軍事施設で、立派な建物とも無縁だった。

そんな日本の城にあり方に、いわばコペルニクス的転回をもたらしたのが、織田信長が天正四年（一五七六）に築きはじめ、三年後にほぼ完成した安土城（あづちじょう）だった。

それまでは一部の城に部分的に導入されていただけだった石垣を城全体にめぐらせ、山上の中心には、天主とよばれる高層建築がそびえ立った（安土城と、その前に信長が居城にした岐阜城には、信長自身の命名といわれる「天主」という表記がもちいられる）。多くの建物に瓦が葺（ふ）かれたのも、それまでの城ではほとんど例がなく、さらに一部の建物は軒平瓦や軒丸瓦に金箔が貼られていた。

石垣にしても、以前の城では主に土留めが目的だったが、安土城では石垣上に、それも上端いっぱいに建物が建った。城は数ヵ月で完成するのがふつうだった時代に、毎日何万

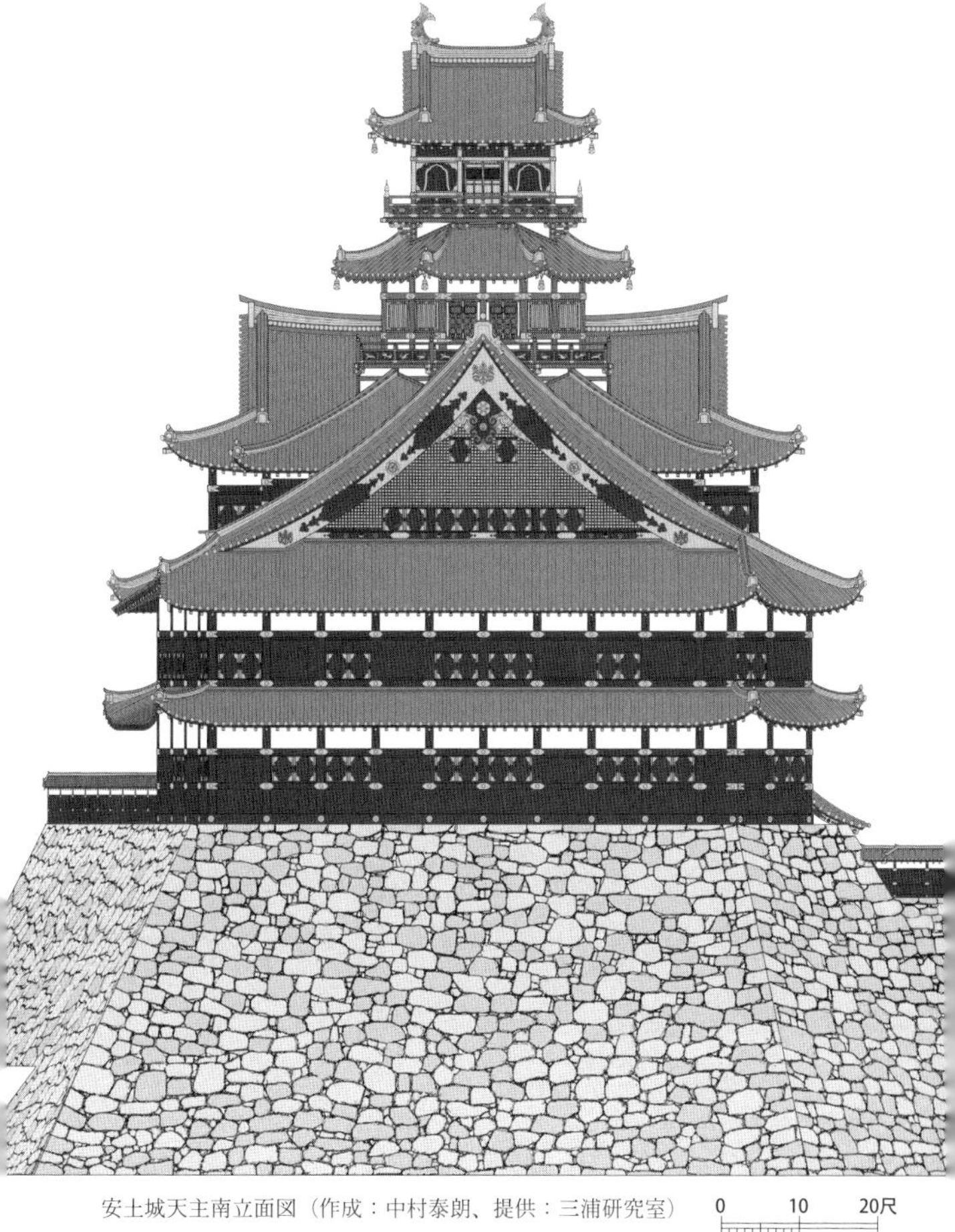

安土城天主南立面図（作成：中村泰朗、提供：三浦研究室）

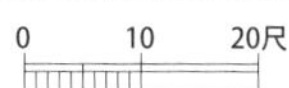

という人を動員しながら三年も費やして築かれたこと自体、エポックメイキングで、築きながら石積み技術も革新されていったのだろう。

城全体が石垣で覆うように固められ、建物がそれと一体となって建ちならび、屋根にはところどころ金色に輝く瓦が葺かれている。そして、中枢にそびえる豪華絢爛たる天主は、はるか遠方からも眺められた。

信長はみずからの天下統一のシンボルとして、それまでの戦闘目的の城とは発想が大きく異なる、見せるための城を出現させた。日本の城の「石垣上にそびえる高層の天守」という視覚上のイメージは、ここからはじまったのである。

しかし、残念ながら、完成からわずか三年後の天正十年（一五八二）六月二日、本能寺の変で信長が明智光秀に討たれると、あるじを失った安土城の中枢部分は六月十四日から十五日にかけて炎上し、灰燼に帰してしまった。信長の次男、信雄（のぶかつ）が放火したという説が有力だ。

では、その天主はどんな姿をしていたのだろうか。信長とたびたび面会し、安土城にも招かれたイエズス会の宣教師、ポルトガル人のルイス・フロイスが書き遺した『日本史』から引用する。

「（城の）真中には、彼らが天守（ママ）と呼ぶ一種の塔があり、我らヨーロッパの塔よりもはる

安土城の天主台入り口

礎石が残る安土城天主台

かに気品があり壮大な別種の建築である。この塔は七層から成り、内部、外部ともに驚くほど見事な建築技術によって造営された。事実、内部にあっては、四方の壁に鮮やかに描かれた金色、その他色とりどりの肖像が、そのすべてを埋めつくしている」
「外部では、これら（七層の）層ごとに種々の色分けがなされている。あるものは、日本でもちいられている漆塗り、すなわち黒い漆を塗った窓を配した白壁となっており、それがこの上ない美観を呈している。他のあるものは赤く、あるいは青く塗られており、最上層はすべて金色となっている」
「この天守は、他のすべての邸宅と同様に、われらがヨーロッパで知るかぎりのもっとも堅牢で華美な瓦で掩われている。それらは青色のように見え、前列の瓦には金色の丸い取付け頭がある」（『完訳フロイス日本史』松田毅一・川崎桃太訳）

外観五重、内部は地上六階、地下一階で、計七階建ての壮麗な天主。信長の旧臣の太田(おおた)牛一(ぎゅういち)が記した『信長公記』（巻九）の記述で、さらに具体的に補っておきたい。

「六重め、八角四間あり。外柱は朱なり。内柱は皆金なり。釈門十大御弟子等、尺尊成道(しゃくそんじょうどう)御説法の次第、御縁輪には餓鬼ども、鬼どもがかゝせられ、御縁輪のはた板には、しやちほこ、ひれうをかゝせられ、高欄ぎぼうし、ほり物あり。

上七重め、三間四方、御座敷の内、皆金なり。そとがは、是又、金なり。四方の内柱に

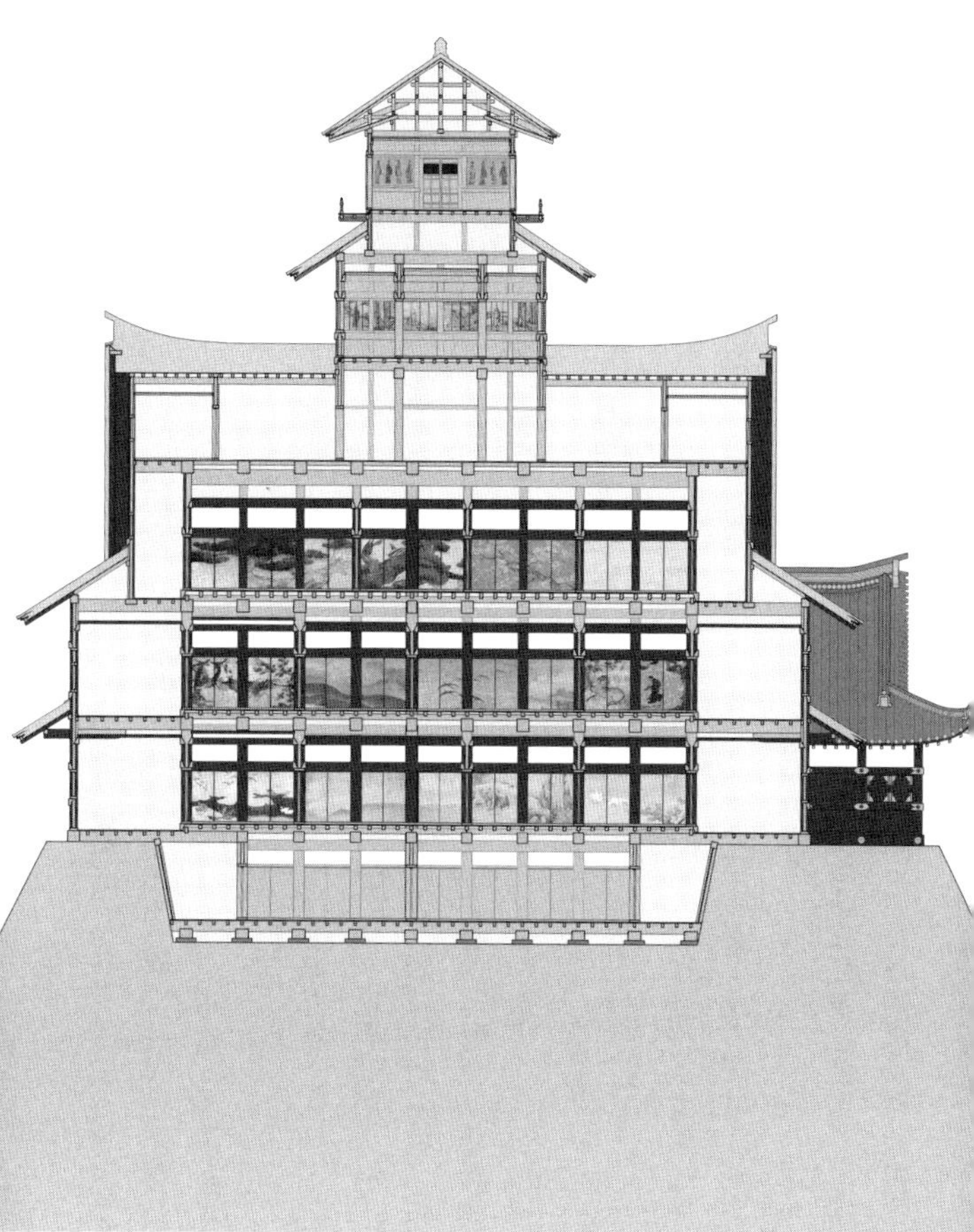

安土城南北断面図（作成：中村泰朗、提供：三浦研究室）

は、上龍、下龍。天井には天人御影向の所。御座敷の内には、三皇、五帝、孔門十哲、商山四皓、七賢などをかゝせられ、ひうち、ほうちやく、数十二つらせられ、狭間戸鉄なり。数六十余あり。皆、黒漆なり。御座敷の内外柱、惣々、漆にて、布を着せさせられ、其の上、皆黒漆なり」

六階（地上五階）は八角堂で外柱は朱塗り、内柱はすべて金で装飾され、内部は釈門十大御弟子や釈尊成道御説法などの仏画で飾られ、縁には餓鬼や鬼が描かれた。そして最上層の七階は、外側も内側もすべて金で、座敷内には三皇、五帝、孔門十哲、商山四皓、七賢などの絵が描かれていた、という内容である。一方、下層の障壁画は花鳥や賢人が描かれていた旨が記されている。

居住できる七階建てという奇想天外の淵源

その後、この安土城がモデルになることで、各地の城に天守という高層建築が、シンボルとして建てられるようになった。ただ、その後の天守と安土城の天主とのあいだには、ひとつ大きな差異がある。

いま日本には十二の天守が現存する。そのいずれかを訪れたことがある人は、粗削りの梁や桁がむき出しになるなどした、装飾がほとんどない無骨な内部が印象に残っているの

華麗な天主がそびえていた安土城天主台

ではないだろうか。十七世紀以降に建てられた天守で、居住性が求められた例は多くない。それ以前も絢爛豪華な内装は多くなかった。城主が住んだり政務を行ったりする建物は御殿であって、天守の内部は普段は使われないため、装飾するだけ無駄だったのだ。

一方、安土城の天主は、すでに見たように、外観はもちろんのこと内部も華麗に装飾されていた。フロイスは、先に引用した文に続いて、「それらはすべて木材でできてはいるものの、内からも外からもそのようには見えず、むしろ頑丈で堅固な岩石と石灰で造られているかのようである」と書いている。すみずみまで徹底的に装飾され、柱や床をふくめ白木が見える部分がなかったと推測される。

じつは、信長だけは（あとにも先にも信長だけだが)、一定程度、天主に居住したと考えられている。だから、その内装は御殿のように、あるいは御殿以上に飾られたのである。

だが、ここで根本的な疑問を示したい。なぜ信長は権力のシンボルとして、天主なる高層建築を建てることを思いついたのだろうか。

安土城以前に天主が存在しなかったわけではない。たとえば、信長が安土の前に居城にした岐阜城にも、明智光秀の坂本城にも、すでに天主（天守）が建てられていたとされる。だが、そのスケールと豪華絢爛たる度合い、ひいては象徴性を考えれば、天守は安土城にはじまったといっていい。

そもそも日本の建築史上、仏塔をのぞけば四階建て、五階建ての建築は、それまではほとんど例がなかった。ましてや居住できる七階建てだなんて、当時としてはあまりに奇想天外な建築だった。

井上章一著『南蛮幻想』は、この画期的な建築が誕生した理由が、その後どのように理解されてきたかについて、細かく追跡している。それによると十九世紀末までは、江戸後期に儒者の太田錦城が『梧窓漫筆拾遺』で述べたように、西洋ではキリスト教、すなわち天主教の神を高層建築に祀る習わしがあり、信長もそれに倣って神を祀ったので天主という名が成立した、という理解が平均的だったという。

しかし、歴史家の田中義成（よしなり）は明治二十三年（一八九〇）の「天主閣考」で、天守とキリスト教のあいだの因果関係を否定。天主教とは中国の明代の呼称で、その漢訳を考案した宣教師のマッテーオ・リッチが明に入国したのは、安土城が炎上した天正十年（一五八二）なのだから、それ以前に「天主」の訳語が日本の建築に充てられたわけがない、というのである。

ちなみに、田中は天主の語源を仏教の経典に求めている。事実、四天王を置いて守護させたから天守だという解釈は、江戸時代からあった。一方、天主という呼び名が天主教に由来する、という説が否定されたのちもなお、安土城に天主が建ったのはヨーロッパの築城術の影響だ、とする考えは根強かった。

ところが、洋式の築城術で建てられたという主張は一九一〇年代から下火になり、天守とは日本で自律的に発展したものだとする説が登場。大類伸（おおるいのぶる）らは、日欧は同じように封建主義を経験したので、同じような高層の城が出現した、という説を唱えた。その流れは、一九三〇年代になって国粋主義が台頭すると加速する。そして戦後になっても、天守は日本起源だとする流れは変わらなかった。

そこに一石を投じたのが、建築史家の内藤昌（あきら）氏だった。和漢古書専門の図書館である静嘉堂（せいかどう）文庫で、旧加賀藩の作事奉行を務めた池上家に伝わる「天守指図」を発見。そこに示された天主一階の不等辺八角形の平面図が、安土城址に残る天主台の平面と一致したことで、その「指図」をもとに、昭和五十一年（一九七六）に天主の詳細な復元案を発表。「指図」によれば、四階までが日本の建築としては異例の吹き抜けなので、内藤氏はそこに、宣教師たちから受けたヨーロッパの影響を指摘した。

内藤氏の復元案に対しては、いまも反論が多い。そして多くの反論は、ヨーロッパの影響を受けたという解釈に対しても否定的である。その際には決まって、過去に例がない重層の建築が安土城に出現したのは、日本人の創意か、さもなければ中国の建築様式の影響だ、と主張される。もし宣教師らが建築についてなんらかの手ほどきをしたなら、フロイスがそのことを書かなかったわけがない、というのである。

ヨーロッパ建築からイメージが喚起された可能性

たしかに、フロイスの『日本史』には、信長の安土築城にあたって、南蛮人とよばれた人たちがなんらかの協力をしたとか、サジェスチョンをあたえたという記述はない。それ以外の宣教師たちの記録にも、そういう記録は見つからない。

だが、『日本史』によれば、信長は面会した宣教師らをいつも質問攻めにしている。このほか、「彼（信長）がインドやポルトガルからもたらされた衣服や物品を喜ぶことに思いを致したので、彼に贈られる品数はいともおびただしく」という記述からも、信長が南蛮の文物へ強い関心をもち、所有するのを好んだことがうかがい知れる。

また、永禄十二年（一五六九）、フロイスらに岐阜城内を案内する前に、信長は「貴殿には、おそらくヨーロッパやインドで見た他の建築に比し見劣りがするように思われるかもしれないので、見せたものかどうか躊躇する」と発言したという。

さらには、岐阜城を案内する際の信長の様子についても、フロイスは「彼は私に、インドにはこのような城があるか、と訊ね、私たちとの談話は二時間半、または三時間も続きましたが」と記している。このときにかぎらず、信長はフロイスらと対面するたびに、日本の建築などをヨーロッパのそれとくらべたがったことは、見逃してはなるまい。

つまり、宣教師たちから、建築についての指導を直接は受けなかったとしても、彼らの語るヨーロッパの建築に想像をめぐらせ、イメージを喚起され、それを日本で具現化しようとした可能性は否定できない。それは、われわれが日常的に周囲の人たちやさまざまな文物から受ける影響と似ている。そして、このような影響は文献には残りにくい。

では、安土城天主のどこに、なにからの影響が感じとれるだろうか。先に天主の地上五階は八角堂だったと書いたが、当時の日本には、高層部に八角堂がしつらえられ、そのさらに上部に四角い望楼（ぼうろう）が載せられた建築など、安土城の前には絶無だった。では、西洋に

フィレンツェのサンタ・マリア・デル・フィオーレ大聖堂

は当時、それに類する建築があったのだろうか。

信長の同時代、すなわち十六世紀当時のキリスト教世界を代表する建築は、なにを措いても、フィレンツェのサンタ・マリア・デル・フィオーレ（花の聖母）大聖堂だった。いまもフィレンツェのシンボルであり続けているこの教会堂は、中央にフィリッポ・ブルネッレスキ設計のクーポラをいただいた八角形のドームが載り、その上に小さな望楼が載せられている。

信長からヨーロッパの建築について尋ねられたフロイスらが、具体的にどんな建築について語ったかを想像するに、フィレンツェの大聖堂について触れなかった可能性は、かぎりなく低いように思われる。そして、安土城天主のてっぺんから二層は、その様態を言葉で説明するかぎり、この大聖堂の形式に非常に近いのである。

といっても、信長が宣教師らの話から影響を受け、わけてもフィレンツェの大聖堂の姿を意識したと証明できる史料は存在しない。だから、歴史とは厳密な史料批判を行い、事実のみにもとづいて記述するべきものだ、という実証主義の立場からは、こうした推論は否定されてしまう。しかし、われわれの実生活を思い起こしても、なにかを見て強烈な印象を受けたり、だれかの言葉に心を突き動かされたりして、自分の理想や世界観が大きく変わることは多い。

繰り返すけれども、そういう影響は具体的な記述に残りにくく、実証的に示すことが困難である。だから、歴史を客観的に把握する姿勢を貫くほど、すくい上げるのが難しい。したがって、これから記すことも推論を越えないが、信長と宣教師たちとの交わり方から考えるに、彼らからの影響がないと判定するほうが不自然だと私は考える。

海外の目を気にした信長

信長は永禄十二年（一五六九）にはじめて宣教師と会ってから、天正十年（一五八二）に本能寺で命を絶たれるまでの十三年ほどのあいだに、記録にあるだけでも、彼らと三十回以上も面会している。そのたびに信長は、みずからの偉業とその評判が諸外国にどのように届くか、非常に気にしていたことが記録からわかる。

フロイスの『日本史』には、永禄十二年、京都での布教の許可を得たい司祭が、将軍足利(あしかが)義昭(よしあき)邸新築の指揮をとる信長を訪ねたときのことが、こう記されている。

「自分が都に自由に滞在してもよいとの殿の允許状を賜りたい。それは殿が目下、私に示すことのできる最大の恩恵の一つであり、それにより、殿の偉大さの評判は、インドやヨーロッパのキリスト教世界のような、殿をまだ知らない諸国にも拡がることであろう、と恩寵を乞うた。これらの言葉に接し、彼（信長）は嬉しそうな顔付きをした」

また、同じ年に司祭が正式な允許状、すなわち朱印状をもらうために、銀の延べ棒を携えて信長と面会した際のことが、こう書かれている。

「そこで信長は笑い、予には金も銀も必要ではない。伴天連は異国人であり、もし予が、彼から教会にいることを許可する允許状のために金銭の贈与を受けるならば、予の品位は失墜するであろう、と語った。その他、彼は和田殿（惟政(これまさ)）に向かい、『汝は予がそのように粗野で非人情に伴天連を遇すれば、インドや彼の出身地の諸国で予の名がよく聞こえると思うか』と言い……」

フロイスの描写を読むかぎり、信長が海外の目を気にしていたことに疑いをはさむ余地はない。そのうえで、イエズス会『日本年報』に記された安土城についての、「木造でありながら、内外共に石か煉瓦を使用したようで、ヨーロッパの最も壮麗な建物と遜色はない」という記述の意味を考えてみたい。

安土城天主の外観は、三重目までの壁面は、軒下が白漆喰で下部が下見板張りだったと考えられるが、下見板や窓には黒漆が塗られて艶やかに輝き、白木は見えなかった。八角堂の四重目（地上五階）は木部が朱塗り。そして最上重の五重目は金と青に塗られ、破風などには黄金の飾り金具がほどこされていた。また、内部は金碧障壁画のみならず、柱も板張りの床も黒漆が塗られ、天井は黒漆の格子に板絵がはめられ、黄金の飾り金具で縁どられた。最上階にいたっては床まで金箔が貼られていたようで、白木はほとんど見えなかったと思われる。

木造建築にそのような処理を施したこと自体、宣教師をとおして石造建築が主体のヨーロッパなどに、その評判が伝わることを意識したからだとは考えられないだろうか。

天正九年（一五八一）、イエズス会のイタリア人巡察師、アレッサンドロ・ヴァリニャーノが安土に到着したときの信長の歓待ぶりに、この権力者の海外の目に対する意識がよくあらわれている。ふたたびフロイス『日本史』から引用する。

「巡察師が安土山に到着すると、信長は彼に城を見せたいと言って召喚するように命じ、二名の身分がある家臣を派遣して往復とも随伴せしめた。なお信長は、修道院にいるすべての司祭、修道士、同宿たちにも接したいから、いっしょに来るように命じた。彼らが着くと、下にも置かぬように歓待し、城と宮殿を、初めは外から、ついで内部からも見せ、どこを通り何を先に見せたらよいか案内するための多くの使者をよこし、彼自らも三度にわたって姿を見せ、司祭と会談し、種々質問を行い、彼らが城の見事な出来栄えを称賛するのを聞いて極度に満足の意を示した」

　そして、ヴァリニャーノが安土を発つ際に、「信長はさらに大きい別の好意を示した」とフロイスは記し、こう続けている。

「一年前に信長が作らせた、屏風と称せられ、富裕な日本人たちが、独自の方法でもちいる組み立て（式の）壁である。（中略）彼はそれを日本でもっとも優れた職人に作らせた。その中に、城を配したこの市を、その地形、湖、邸、城、街路、橋梁、その他万事、実物通りに寸分違わぬように描くことを命じた。この製作には多くの時間を要した。そしてさらにこれを貴重ならしめたのは、信長がそれに寄せる愛着であった」

　この屏風は正親町（おおぎまち）天皇も気に入っていたが、譲ってほしいという天皇の懇願を信長は断っていた。それを信長は「伴天連殿が予に会うためにはるばる遠方から訪ねて来て、当市に長らく滞在し、今や帰途につこうとするに当り、予の思い出となるものを提供したいと思うが、「予が何にも増して気に入っているかの屏風を贈与したい」とみずから申し出て、ヴァリニャーノに贈ったのである。

その後、屏風は天正遣欧少年使節に託されて、ローマ教皇グレゴリウス十三世に献呈され、ヴァティカン宮殿の地図の間にしばらく展示されていた。この屏風が発見されれば、安土城の外観を復元するうえでの決定的な史料になると考えられるが、残念ながら長らく行方不明のままである。しかし、この屏風のおかげで安土城の名と雄姿は、日本建築としてはじめて西洋に正確に伝えられた。

信長は屏風を載せた船が長崎港を発った四カ月後、本能寺の変に斃れたが、ヨーロッパの城にも負けない絢爛豪華たる自身のシンボルとその評判を海外に伝えたいという強い願いは、叶ったともいえるのである。

馬揃えの華麗なスタイルとのつながり

信長の時代から江戸初期まで、南蛮具足が流行した。これはヨーロッパの甲冑をまねた鎧や兜のことで、当時、甲冑は西洋の現物が輸入されていたため、それに似せた和洋折衷の具足を、日本人の体形に合わせてつくるのは容易だったのだ。

わけても信長は、南蛮具足を身にまとい、その上から羅紗の生地などで仕立てられた南蛮風の陣羽織を羽織るのを好んだ。このようにヨーロッパ風の戦装束に夢中になった信長である。築城や宮殿等の造営に次々と携わる立場にありながら、ヨーロッパの建築に関心をいだかなかったはずがない。

信長が天正九年二月二十八日、京都で開催した大規模な馬揃えには、ヨーロッパ趣味が蔓延していた。フロイスによれば競技への参加者が十三万人を超え、二十万人の群衆が集まったというこの馬揃えでは、武将たちは可能なかぎり華やかに着飾って参加するように命令されていたという。たとえばキリシタン大名たちは、ロザリオや大きな十字架、西洋風のマント、十字架がついた馬覆い、金の房がつきローマ字が染め抜かれた真っ赤な旗、といったいでたちを競い合っている。

そして信長自身は、金紗という唐織物を身に着け、後ろに花を挿した帽子をかぶり、紅梅に白の模様の華麗な小袖を身にまとったうえで、ヴァリニャーノから贈られた黄金の飾りがほどこされた真っ赤な椅子に座った。また、正親町天皇も臨席したこの馬揃えにはヴァリニャーノも招待されていた。ヴァリニャーノはただの宣教師ではなく、ローマのイエズス会総会長から直接任命された、インドおよびアジア地区の布教を統括する責任者である。すなわち背後にはローマ教皇やスペイン、ポルトガルの王がいる立場で、信長はそのことをおおいに意識していたと考えられる。

若桑みどり氏はこの馬揃えを「中国やインドやヨーロッパからどんどん華麗な布や文物が輸入されていたこの時代の大名や武将のファッションショーは、それ自体が国際的市場を背景にしたものだった」と評し、信長のねらいについて「世界に向けて、日本の国王が彼であることと、その威容とを知らせようとしたものである。帽子と椅子は世界の王侯と相互交換可能なシンボルである」と看破している（『クアトロ・ラガッツィ』）。

安土城の、それまでの常識に照らせば奇想天外なスタイルも、信長が「世界の王侯と相互交換可能なシンボル」であることを意識した結果だと考えれば辻褄が合う。

システィーナ礼拝堂との共通点

ただし、建築は輸入ができないのはもちろん、当時は写真もない。宣教師の話からインスピレーションを受け、彼らの目を意識して築城するにしても、西洋の建築術を取り入れる方法は、当時の日本にはなかった。

ヨーロッパの宣教師たちが拠点にしたアジアのほかの国々では、事情が異なった。インドのゴアにせよ、マカオにせよ、そこでは教会関係の建築は、ファサードだけが現存するマカオの聖パウロ教会を見ればわかるように、いずれもヨーロッパ建築そのものというべき石造建築だった。

一方、日本では、西洋の建築をよく知る宣教師が建て主の場合でも、彼らが京都で布教する拠点になった南蛮寺や、安土のセミナリオ（神学校）は、西洋風の建築意匠が多少は導入されたにしても、在来の木造建築であった。日本では建築資材にできる石材がかぎられ、地震の問題もある代わりに、森林資源は豊かである。このためイエズス会も、日本で施設を建てる際は日本の大工に相談し、その設計に従うように取り決めていた。

いわば日本は例外だったのだが、海外の町々では景観までをも大きく変えた西洋建築の影響が、日本にかぎってはゼロだったと結論づけるのは、あまりに無理がある。

安土城天主についても、四重目の八角堂から上は様式的には唐様（からよう）、すなわち中国風の意匠なので、南蛮風ではないという意見がある。しかし、宣教師たちの話からイメージを膨らませ、彼らの世界に負けないものを建てたいと思っても、いまある様式と技法で表現するほかない。だから安土城天主が唐様であることと、南蛮文化の影響を受けていることは矛盾しない。

ところで、信長は宣教師を庇護し、彼らの話におおいに関心を示し、破格のもてなしをしたが、自身がキリスト教の教えを信じることはなかった。その点では、信長の意識は建築同様に「唐様」に近かったといえよう。

というのも、安土城天主の最上層の壁面には、すでに記したように、三皇五帝をはじめ

システィーナ礼拝堂の壁を埋めつくすフレスコ画

中国の伝説の皇帝や賢人、儒者たちが金地に描写され、その下階の八角堂には中央に釈迦説法図が描かれていた。つまり、仏教世界より上位に描かれたのはキリスト教ではなく、中国由来の儒教や道教の世界だった。

これについて、内藤昌氏は『復元 安土城』に、「勧善戒悪の儒学的指導理念が、天下統一の理想をかかげて作事した安土城天主の最上階で具現化されている点は、まことに意義深いものがあろう」と記す。たしかに、そのとおりだが、「天下統一の理念」を、政権の中枢であるために築かれた建築の内部で「可視化」するという手法自体、やはり宣教師の話にヒントを得た可能性はないだろうか。

当時、キリスト世界の中心であるヴァティカン宮殿のシスティーナ礼拝堂には、すでにミケランジェロの手によって天井に「創世記」が、主祭壇の背後には「最後の審判」が描かれていた。それ以外の壁面も、ギルランダイオやペルジーノ、シニョレッリら、ミケランジェロの先輩世代の画家たちのフレスコ画で埋められていた。

システィーナ礼拝堂は、宣教師たちの世界における最高権力たるローマ教皇の礼拝堂であり、また教皇を選出するコンクラーヴェが開催される場所でもある。当時のカトリック世界の、まさに中枢だった。その壁面から天井までが、彼らが奉じる世界観を表す壁画で埋めつくされているという話を、宣教師たちが信長にしなかったとは思えない。

フロイスが「彼の家臣らが明言していたように、彼自身が地上で礼拝されることを望み、彼、すなわち信長以外に礼拝に値する者は誰もいないと言うに至った」と記したほどの信長である。宣教師の話から、みずからの政権のシンボルたる天主の最上階を、自身を権威づけるための神話や伝説を描いた壁画で飾る、という発想を得たとしても不思議ではない。想像をたくましくするなら、天主の下階や、天主の周囲に建っていた信長の御殿が、すみずみまで金碧障壁画で飾られるにあたっても、宣教師の話がヒントになったかもしれない。システィーナ礼拝堂以外も、ヴァティカン宮殿の多くの部屋は、すでにラファエッロら著名な画家のフレスコ画で飾られていた。

さらにいうなら、安土城は平成元年（一九八九）からの発掘調査で、南側の登城口（大

山麓からまっすぐ続く安土城の大手道

手道）が山上に向かって百八十メートルにわたり、直線的に延びていたことが確認された。現在、整備されて往時の姿が再現されているが、防御に有利とはいえないなど、それまでの城郭にあまり例がないまっすぐな道も、ヨーロッパの聖堂や宮殿につながる道について宣教師から聞いた影響とは考えられないだろうか。直線的な坂道の先に豪奢な天守がそびえる景観は、あきらかに西洋のヴィスタの手法と重なる（二条城の章を参照）。

もちろん、ここまで述べてきたのは史実の考察ではなく、ロマンに近い推論である。しかし、明瞭な指示や助言をともなわない影響は、文献や考古学的資料からは読めない場合も多い。そして、安土城天主という奇想天外な建築が南蛮文化の影響下にあったなら、天守をいただく近世城郭はみな、南蛮文化とつながっていることにもなる。

第2章 大坂城

秀吉の城を埋めて破格のスケールに不思議な復興天守の理解のしかた

圧倒的スケールと秀吉との関係

大坂城のスケール感には圧倒される。隣接する読売テレビがときどき映し出すその全景は、広大な二重の堀と高い石垣に囲まれ、まるで巨人のための難攻不落の不沈空母だ。周囲を歩けば、なおさらその感を強くさせられる。

たとえば、石垣の総延長が約二キロメートルにもおよぶ南外堀は最大幅がおよそ百メートルで、対岸にそびえ立つ屛風折れの石垣は、堀底からの高さが最大で三十メートルにもなる。かつて七棟あった櫓は、戊辰戦争と太平洋戦争で五棟が焼失してしまったが、一番櫓と六番櫓はいまも残っている。その六番櫓は高さ十五・四メートルで、全国に現存する十二の天守とくらべても、備中松山城（岡山県高梁市）、丸岡城（福井県坂井市）、弘前城（青森県弘前市）、丸亀城（香川県丸亀市）を上回り、宇和島城や彦根城に匹敵する大きさだ。それなのに広大な堀を前にした高い石垣上に建つと、とても小さく感じられる。

また、本丸東側の石垣は約三十二メートルと、日本の城郭の石垣でいちばんの高さを誇る。ちなみに、二位はいま記した南外堀である。

また、主に門の周囲の石垣に、とんでもない巨石がもちいられていることも、大坂城の特徴だ。大坂城の門の多くは枡形虎口になっている。「虎口」は城の出入り口のこと。「枡

大坂城の広大な南外堀と六番櫓

日本一高い大坂城本丸東側の石垣

大坂城桜門枡形の巨大な蛸石

形」とは、門のすぐ先に設置された、米などを計量する枡のかたちに似た方形の空間を指す。その枡形にもうひとつの門を構え、まっすぐ侵入できないようにして防御力を高めたのが枡形虎口だ。

本丸の正門である桜門も枡形虎口だが、その石垣を構成する石材のスケールがとてつもない。まず、堀に面した高麗門（こうらいもん）（正面左右に立つ二本の本柱上に切妻の屋根をかけ、本柱の背後には、その屋根と直角に控柱（ひかえばしら）を立て、それぞれに切妻屋根をかけた門）の両脇には、高さ三・四メートル、幅六・九メートルの竜石（右）、二・七メートルと六・九メートルの虎石がある。

そこから枡形に入ると、正面に見えるのは城内一の巨石である蛸石（たこいし）で、高さ五・五メートル、幅十一・七メートルで、表面積は三十六畳分もあり、推定重量は百八トン。また、蛸石の右側には高さ五・七メートル、幅六・五メートルの碁盤石があり、蛸石に向かって左側の面にも、四・二メートルと十三・五メートルの振袖石（ふりそで）、六・〇メートルと五・〇メートルの桜門四番石が置かれている。

このように桜門だけでも六つの巨石でかためられ、訪れる人を威嚇した。巨石による威圧感という点では、城全体の正門である大手門も負けてはいない。高麗門の正面には高さ五・一メートル、幅十一・〇メートル、推定される重量は百五十トンという大手見付石が据えられている。そして、すぐ左は高さ五・三メートルと幅八・〇メートルの大手二番石、右は四・九メートルと七・九メートルの大手三番石でかためられている。

これほどの巨石が集められた城郭は、世界にもほとんど類を見ない。圧倒的なスケールを前にして、「さすがは太閤の城だ」「豊臣秀吉はやることが大きかった」と思う人が、いまも多いと聞く。だが、今日見ることができる大坂城は、石垣の石ひとつにしても秀吉と無縁である。

秀吉の広壮な城は地上に痕跡もない

大坂城は、大阪平野を南北に延びる洪積台地である上町（うえまち）台地の北端に位置する。そこは十五世紀の終わりに、浄土真宗八世の蓮如（れんにょ）が大坂御坊（おおさかごぼう）をもうけ、のちに事実上の城郭である大坂本願寺（石山本願寺）へと発展した地だった。だが、織田信長との十一年にわたる石山合戦をへて、本願寺は天正八年（一五八〇）に降伏。信長はその跡地に、みずからの政権の中枢となる城を築くつもりだった。

ところが周知のようにその二年後、信長は本能寺で志なかばにして斃れてしまう。代わりに、翌年の賤ヶ岳合戦で柴田勝家に完勝し、信長の後継者の座におさまりつつあった羽柴秀吉が、そこに築城を開始した。

大坂本願寺があったのは、大坂城の本丸および二の丸周辺だと目され、秀吉は築城に際し、堀をはじめ本願寺の縄張りをかなり引き継いだと考えられている。大坂本願寺が、地形を活かして理にかなった縄張りを組んでいたからだと思われる。とはいえ、ルイス・フロイスが『日本史』に、

「この（羽柴）筑前殿は血統から見ればたいして高貴の出ではなく、家系からも、およそ天下の支配なり統治権を掌握して日本の君主になり得る身には程遠いものがあったので、今やこうした高位に昇り、幸運の座に就き、そして日本の歴史上未曽有の著名にして傑出した王侯武将と言われている（織田）信長の後継者となるに及び、可能なあらゆる方法によって自らを飾り、引き立たせようと全力を傾けた」

と書いたほどの秀吉である。とにかく大坂城を、安土城を超える城にしなければいけな

い、という強い思いがあったようだ。実際、フロイスは同じ『日本史』に、「（大坂）城の建物なり部屋、大坂の拡大した市自体、また城の周囲に建てられて行った日本の諸侯、武将たちの屋敷等そのいずれにおいても、すでにかつての美しかった安土の市および城をはるかに凌いでいるとの定評がある」

と記し、同様の表現を何度か繰り返している。また、天守などについては、「八層から成り、最上層にはそれを外から取り囲む回廊がある。また濠、城壁、堡塁、それらの入口、門、鉄を張った窓門があり、それらの門は高々と聳えていた」

と描写。そして建築全般について、こう感想を述べている。

「これらの建物はすべて木材が用いられ、壁は、支柱の間に幾本もの太い竹を仕組み、その上に粘土をかぶせ、さらにその上に白く漆喰を塗る。それは内側からも外側からも施されるので、外見においてはあたかもヨーロッパの建物のようであり、我々の目になんらの違和感を覚えさせない。だが金箔を施したこれらの部屋も娯楽室もヨーロッパの建物とは異なったところがある。すなわち、その趣向、構造、不思議なほどの清潔さ、はたまた内部の装飾、調和などにおいては、我らのヨーロッパ建築の設計とはあまりにかけ離れ、かつ稀有なもので、これらの建築は我らのものに比べ、はるかに少ない費用をもって大いなる威厳をかもし出しているのである」

信長同様、中国やインドの征服までを夢見ていた秀吉は、大坂城の外観をヨーロッパ人の目に「違和感を覚えさせない」ように整えた、と読むこともできるだろう。また、天正十四年(一五八六)にイエズス会副管区長のガスパル・コエリョらが訪れた際、秀吉がみずから先導して城内を案内した様子については、こう記されている。

「ある一室を通ると、そこには十着ないし十二着の新しい紅色のヨーロッパ風の外套が紐で吊るしてあった。それらは日本ではきわめて稀で、当国の産ではないために重宝がられているのである。

さらに関白は錠がかかった非常に長い多数の大函を開いて我らに見せたが、それを見た我らは互いに顔を見合わせて文句なしに驚嘆した。我らが目撃したものは予期し想像していたことを凌駕していたからである。日本には折畳み寝台もふつうの寝台もなく、それらに寝る習慣もないにもかかわらず、二、三台の組立寝台(そう称してよいが)が見られた。それらは金糸で縫い付けられており、ヨーロッパでは高価な寝台にのみ使用される他のあらゆる立派な装飾が施されていた」

このベッドは大友宗麟も目撃している。建築史家の宮元健次氏は「秀吉は西洋の衣食住の文化全般を、自らの生活に積極的に取り入れていた」として、「日本が西洋諸国に劣ることがないよう、本心はむしろ、西洋文化の導入を強く望んでいたといってもよいだろう」と評している（『建築家秀吉』）。

だが、秀吉がおのれの権力と権威を天下に、おそらくはさらに海外にも知らしめるために築いた、広壮、豪奢にして守りもすこぶる堅固な城は、慶長十九年（一六一四）の大坂冬の陣ののち、徳川家康側から突きつけられた和解の条件をのんだばかりに、裸城同然になる。城下町をすっかり囲んでいた壮大な総構（そうがまえ）の堀のほか、二の丸の堀までが埋められ、堀ぎわの塀や櫓も破却されてしまうのだ。その結果、翌年の大坂夏の陣で落城し、本丸も天守も炎上。秀吉が城を築きはじめてから三十年あまりで、無残な廃墟となった。

そこまでの史実は、多くの人が認識しているのではないだろうか。しかし、現在残されている大坂城には、豊臣時代の城は痕跡さえ残っていないという事実は、案外、知らない人もいる。いまある大坂城は元和六年（一六二〇）からの十一年間、徳川幕府の命で三期にわたり、西国を中心とした大名六十四家が動員され、天下普請によってあらたに築かれた城であって、秀吉が築いた大坂城は地上にはなにも残っていない。地下に埋まっているのである。

偶然掘り起こされた豊臣時代の石垣

大坂城が徳川家によって大改築されたことは、明治時代からわかっていた。だが、秀吉が築いた旧状がどれくらい引き継がれているのか、明らかではなかった。そもそも豊臣大坂城の具体的な姿自体、福岡藩黒田家に伝わった『大坂夏の陣図屏風』（大阪城天守閣蔵）ほかの絵画史料をのぞけば、伝える史料が乏しく、ほとんどわからないに等しかった。

ところが偶然がいくつか重なって、謎は次々と解けていった。最初のきっかけは昭和三十四年（一九五九）に、西外堀の水が突然枯れたことだった。戦後、周囲にビルが次々と建ったことで、地下水脈が遮断されたためだと考えられ、それを機に同年、大阪市と大阪市教育委員会、大阪読売新聞社は合同で「大坂城総合学術調査団」を立ち上げ、石垣や地盤の調査に乗り出したのだ。

すると石垣には、江戸期に工事を負担した大名家を示すと考えられる刻印が多数見つかって、現在の石垣は、徳川が再築したものであることがはっきりした。加えてボーリング調査の結果、本丸の地表から七・三メートルのところに、石垣が発見されたのである。現在の大坂城の石垣にくらべると築石は小ぶりで、それがほとんど加工されないまま「野面積（のづらづみ）」で積まれていた。それにしても、なぜ地下深くに埋まっていたのか。調査団は当初、それを秀吉が築いた石垣だと断定することに慎重だったが、翌年、また偶然が重なった。

徳川幕府の京都大工頭であった中井家から、豊臣時代の「大坂城本丸図」が発見されたのだ。その図には石垣の高さや長さのほか、天守や御殿をはじめとする建物の詳細な平面図も描かれていた。学術的な検討の末、それがまさしく豊臣時代の本丸を表していることが明らかになった結果、地下に発見された石垣は、豊臣大坂城本丸の「中の段帯曲輪（おびぐるわ）」の石垣だと考えられるようになったのである。

さらには、昭和五十九年（一九八四）にも水道工事にともなう調査の際、天守台東南の、現存する金蔵の東側の地下から石垣が見つかった。こちらは地表から一・一メートルに位置し、石垣の高さは六メートル。「大坂城本丸図」によれば、中の段帯曲輪の内側に一段高い「詰（つめ）ノ丸」があって、そこに秀吉や正室の北政所（きたのまんどころ）（おね）が住まう奥御殿があり、その北東隅に天守が建っていたことがわかる。

つまり、最初に発見された石垣の上端が、かつての本丸中の段帯曲輪の地表面だったのに対し、あらたに発見されたのは詰ノ丸の石垣だったのだ。これらの石垣はその後、埋め戻されたが、後者は掘り返され、令和五年（二〇二三）には、地下の展示施設から見学できるようになる予定である。

豊臣大坂城をはるかに上回った徳川の再築

さて、本丸の地下から石垣が見つかって明らかになったのは、現在の大坂城は豊臣時代のそれに盛り土をし、あたらしく築かれた城だという事実だった。大坂冬の陣後に埋められた外堀を掘り返したり、内堀を豊臣時代よりも広く深く掘り下げたりした土で、本丸を中心に場所によっては十メートル以上も大規模に盛り土し、そこに当時の最新技術で、豊臣大坂城をはるかに超えるスケールの城が築かれたのである。秀吉が自身の権力を誇示するために信長超えを演出したように、徳川家も豊臣超えを演出し、将軍家の力と権威を世に示す必要があったということだ。

事実、徳川大坂城の普請の責任者、普請総指図役だった藤堂高虎の事績を記した『高山公実録』や『藤家忠勤録』には、二代将軍秀忠と高虎が、大坂城の石垣の高さや堀の規模を倍にすることをめざした旨が記されている。そして、それは実行に移されたのである。たとえば、先に本丸東側の石垣の高さは約三十二メートルだと記したが、豊臣大坂城の同じ場所に高石垣は存在しなかった。この位置は豊臣時代もひときわ高かったのだが、まず下の段帯曲輪があり、その少し内側に一段高い中の段帯曲輪がもうけられ、さらに内側にもう一段石垣を築いて、天守などが建つ詰ノ丸が置かれていた。つまり、石垣を三段に分けることで高さをカバーしていた。

石垣を積む技術は、関ヶ原合戦以降、大坂の陣までの築城ラッシュのなかで長足の進歩を遂げた。関ヶ原以前は、自然石をほとんど加工せずに積む野面積がほとんどだったが、関ヶ原以後は石をある程度打ち砕いてから積む「打込ハギ」が中心になり、切り石をパズルのようにすき間なく積む「切込ハギ」も登場する。技術が急激に進んだ背景には、主に諸大名に命じて工事を分担させた天下普請のために大量の石を供給する体制が短期間に整備され、築石の加工と積み方が規格化されたことも挙げられる。同時に、隅角部に直方体の石の長辺と短辺を交互に積み上げる「算木積」が完成され、石垣の強度は高まっていった。

現在の大坂城に見る長大な高石垣は、石垣築造技術に長けた西国の大名たちが、生駒山西麓や六甲山麓、瀬戸内の島々などから花崗岩の石材を大量に運び、そのころ頂点に達していた技術で積み上げたものである。そもそも、全体が石垣で固められた城の歴史は長くはなく、織田信長の安土城がその嚆矢だった。秀吉は大坂築城で、その安土城を上回りたいと強く意識したわけだが、それでも一五八〇年代（天正年間）の石垣築造技術は、徳川幕府が再築した一六二〇年代（元和～寛永年間）にくらべれば、かなり未熟だった。高低差のある本丸東側は、石垣を三段に築いてカバーするしかなかった。

同じように、ルイス・フロイスが「遠くから望見できる建物で大いなる華麗さと宏壮さを誇示していた」と記した秀吉の天守も、豪華絢爛たる度合いについてはともかく、規模においては、徳川が再建した天守にかなわなかった。現在の天守台の東側にある配水池の北東部にそびえていた豊臣時代の天守は、石垣をふくむ高さが約三十九メートルと推定されるのに対し、徳川の天守は約五十八・三メートル。一・五倍も高く、天守台の面積にいたっては豊臣時代のほぼ二倍だった。

徳川の高石垣上にそびえる「大阪城天守閣」

史実とかけ離れた「天守閣」が教えてくれるもの

それでは、いまそびえている天守、通称「大阪城天守閣」には、どういう由来があるのだろうか。

豊臣時代の天守は、二重の大きな入母屋屋根の建物に小ぶりの物見（望楼）を載せた、天守としては初期の様式である「望楼型」だった。安土城天主と同じ様式である。そして『大坂夏の陣図屛風』を見ると、豊臣時代の天守は壁面が黒漆喰、および黒漆を塗った下見板張りで、金箔押しの瓦と金の破風飾りで装飾され、最上層の壁面は欄干より上に鷺、下に虎が金で描かれた絢爛たる建築だった。

ただし、大坂城天守が描かれたものとしては最古の『大坂城図屛風』に描かれた姿は、黒漆塗りの壁面に菊紋と桐紋の大きな木彫りが金で装飾されて取りつけられ、『大坂夏の陣図屛風』に描かれた天守以上に、全体が金色の金具や彫刻で飾られている。また、最上重の入母屋屋根の軒が、『大坂夏の陣図屛風』では二重目の大入母屋と平行しているのに対し、『大坂城図屛風』の天守は垂直に交差している。文禄五年（一五九六）閏七月に発生した慶長伏見地震で、伏見城（京都市伏見区）は天守が崩れたのをはじめ壊滅的な被害を受け、大坂城内に国外の使節をむかえる場所として建てられたばかりの千畳敷対面所

豊臣大坂城天守復元西立面図（作成：中村泰朗、提供：三浦研究室）

徳川大坂城天守南立面図（作成：松島悠、提供：三浦研究室）

も倒壊した。大坂城天守も、このときに大きな被害を受け、建てなおされたか、大きく修復された可能性がある。

一方、徳川大坂城の天守は、初重から上重に向けて、同じかたちの床面を一定の比率で少しずつ小さくして積み上げていく「層塔型」という、あたらしいシンプルな様式で、壁面は白い漆喰による総塗籠。すなわち真っ白い外観だった。

しかし、江戸城とならんで史上最大規模だった徳川の大坂城天守は、建ってからわずか四十年しかたたない寛文五年（一六六五）、落雷を受けて焼失し、その後、再建されることはなかった。

さて、「大阪城天守閣」だが、その姿は大きな入母屋屋根の建物を二つ重ねたうえに物見を載せた、典型的な「望楼型」で、『大坂夏の陣図屏風』に描かれた天守に見られる、鶴（屏風では鷺だが）や虎の装飾もほどこされている。つまり、豊臣大坂城の天守の意匠をまとっているのだが、豊臣時代の天守台は地上に存在しない。徳川幕府が再築した、床面積が豊臣時代のほぼ二倍ある天守台に建っているのである。

この天守の建築計画が持ちあがったのは昭和二年（一九二七）のこと。大阪市では昭和天皇の即位を記念して、大阪城公園の設置と天守の再建が計画され、それを市民からの寄付でまかなう方針が定められた。そして、予定どおりに百五十万円の寄付金も集まり、計

徳川の巨大な天守台に建つ「大阪城天守閣」

画は実行に移されたが、大阪市の方針は「豊臣秀吉の天守を復興させたい」というものだった。そうはいっても、徳川の天守台に建てるしかない。

結局、京都府の技師で京都帝国大学教授だった天沼俊一（あまぬましゅんいち）の指導のもと、大阪市土木局が設計した天守の外観は、『大坂夏の陣図屏風』を参考に、豊臣時代の小さな天守の姿を徳川の大きな天守台のうえに再現し、壁面だけは徳川時代と同じ白亜にするという、摩訶不思議なものになった。令和元年（二〇一九）に安倍晋三元総理が、大阪市で開催されたG20サミットで、「十六世紀のものが忠実に復元された」と紹介した「大阪城天守閣」の実態は、このようなものである。

こうして、当時としては先進的な鉄筋鉄骨コンクリート造で建てられ、昭和六年(一九三一)に竣工した「大阪城天守閣」は、史実とはかけ離れた建築になった。もっとも、時代を考えればしかたない面がある。すでに記したように、当時は豊臣大坂城の実態がほとんどわかっていなかった。現存する石垣がすべて、大坂夏の陣後に徳川幕府の指示で積まれたものだということも、いまだはっきりしていなかったのだ。そんな建物も、平成九年(一九九七)には国の登録有形文化財にも指定されるなど、すでに築後九十年が経過して別の「歴史的価値」が生まれている。

国の特別史跡でもある名城のシンボルが、史実と異なる建築であることには、複雑な気持ちにもなる。そこにあらたな価値が生じているのは、歴史の皮肉のようでもある。

けれども、「大阪城天守閣」にも評価すべき点がある。過去の建築様式を再利用するという西洋近代の建築手法を、日本の伝統的様式に正しく応用できているところである。そうして日本建築の伝統を踏まえながら、都市のシンボルを創造している。

たとえば、英国議会の議事堂になっているロンドンのウェストミンスター宮殿は、一八三四年の火災でほぼ全焼すると、あえて中世のゴシック様式を範としたネオ・ゴシック様式で再建された。とはいっても、再建当時の建築の趨勢であった新古典主義を排除したわけではなく、建築の配置や構成には、古典建築の理念である数学的概念にもとづいた比例法則（それはゴシック建築とは無縁のものだ）を取り入れていた。つまり最新の建築のなかに、都市の伝統につながる歴史的意匠を接ぎ合わせることで、歴史や伝統を体現した都市の象徴となりえたのである。

「大阪城天守閣」も同様に、鉄筋コンクリートの最新建築に、豊臣時代の天守がまとっていた桃山時代の様式を再利用することで、日本そして大阪の伝統とつながったランドマークを創出できている。

じつは大阪城内にも明治以降、西洋風の建築が数多く建てられた。それらはいずれも、現在は複合施設「ミライザ大阪城」になっている旧第四師団司令部庁舎のように、西洋の建築様式が利用され、日本および大阪の伝統とは少しもつながっていなかった。ある建築様式を再利用する場合、その土地に固有の歴史や伝統をイメージさせるためのものでなければいけないはずである。この日本で、たんに西洋の様式をコピーしたところで、その建築様式が拠って立つ精神は置き去りにされた猿真似にしかならない。

その点、「大阪城天守閣」は、伝統的な建築様式の再利用という、ヨーロッパ近代の建築手法を猿真似でなく、その精神とともに取り入れて、日本の歴史や文化を想起させるランドマークのあり方を示している。史実とかけ離れているのは残念だが、学ぶところがないわけではない。

第3章　小田原城

北条時代はヨーロッパ流城塞都市
江戸時代は災害のデパート

城塞都市のあたらしさ

小田原城は二つの点で、きわめて特異な城といえる。ひとつは後北条氏（鎌倉幕府の執権北条氏と区別するために、戦国大名の北条氏を後北条氏とよぶことが多い）の時代に、まるで西洋や中国の城塞都市のように町全体を、総構とよばれる防塁で囲い込んだこと。もうひとつは江戸時代を通じて（じつは明治の廃城後もふくめて）、災害列島たる日本においても例外的なほど頻繁に、地震や火事によって壊滅的な被害をこうむったことである。

最初に、総構とよばれる壮大な防塁の話からはじめたい。

伊豆半島の韮山を本拠にしていた伊勢宗瑞、俗にいう北条早雲が小田原城を奪ったのは明応五年（一四九六）から文亀元年（一五〇一）のあいだのこと。以来、北条五代、九十年にわたり、領土が関東一円に広がるにつれて、小田原城の城域も拡大しつづけてきた。

北条氏が小田原を本拠にするのは、永正十五年（一五一八）に家督が二代氏綱に譲られてからである。当初、現在の東海道線および新幹線の線路を隔てた北側の丘陵（八幡山古郭）に城の中核があったが、遅くとも三代氏康の時代までには、江戸時代以降に本丸や二の丸が置かれた区域、つまり現在の小田原城址公園のエリアに中枢部が移ったようだ。くだんの総構が築かれたのは、天正十五年（一五八七）からである。織田信長の傘下に

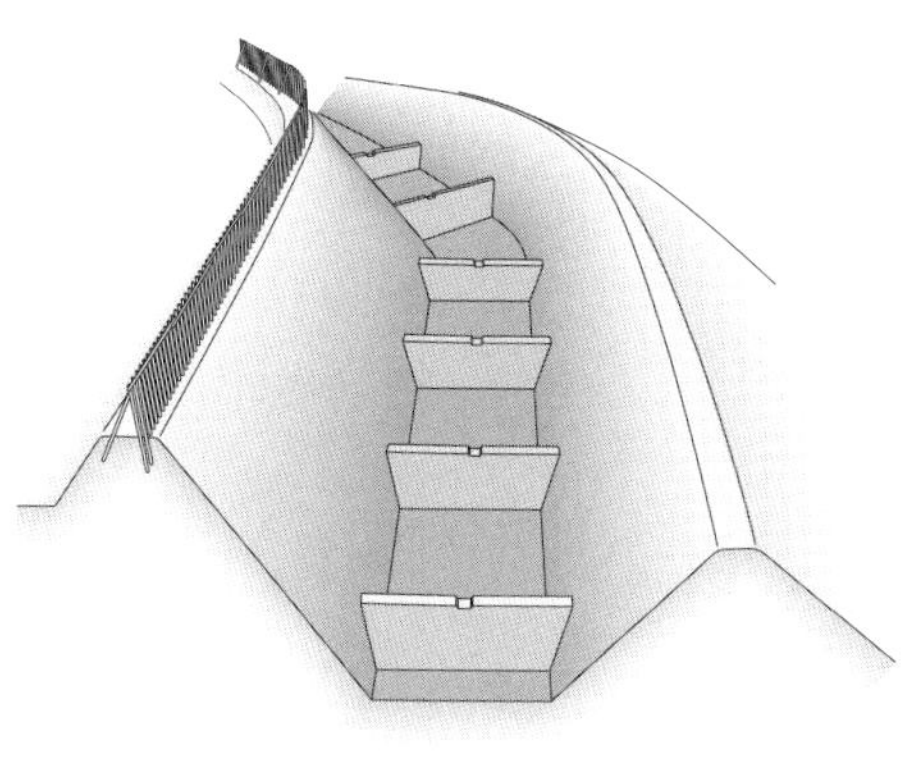
底に障壁を掘り残した障子堀

入った北条氏だったが、本能寺の変で信長が斃れると、豊臣秀吉との関係はぎくしゃくする。天正十二年（一五八四）、徳川家康と信長の次男の織田信雄による反豊臣連合ができると、家康の娘婿だった五代氏直はその一翼をになうほかなくなり、小牧長久手合戦ののちに家康が秀吉と和解してからも、北条氏と秀吉の関係は修繕されなかった。その後、いくつかのボタンのかけ違いもあって、秀吉に攻められる可能性が現実のものになると、城下全体を防塁で囲む総構の構築がはじまるのである。

その規模は丘陵部から海岸線まで周囲約九キロにおよんだ。距離が長いだけではない。堀は空堀だが上幅二十～三十メートル、深さ十～十五メートルにおよび、内側に土塁を構える壮大なものだった。堀の法面は急傾斜で、底は障子堀になっていたことが、発掘によりわかっている。障子堀とは高さ二メートルほどの障壁（堀障子）を堀底にあえて掘り残して、堀に落ちた敵の動きを封じるためのものだ。

しかし、なによりも画期的だったのは、小田原の経済圏をすべて防塁で囲み、保護しようという試みである。当時の小田原城は東日本最大の城で、小田原は東日本最大の都市だった。したがって、城下には食糧から兵器や武具までをあつかう商人、日用品から武具までを製作する職人が多く住んでおり、持久戦になればなるほど、彼らの手を借りないわけにはいかなかった。もちろん、広壮な防塁で囲めば膨大な戦力も内側に滞留させられるし、兵糧などを貯め置く場にも事欠かない。そこには農産物を生産できる田畑も広がっていた。実際に秀吉の軍勢が包囲するにいたっては、多くの百姓たちも総構の内側に避難したようだ。

ヨーロッパでは古代以来、町を城壁で囲むケースが非常に多かった。その目的はいうまでもなく外敵から守るためだが、わざわざ都市全体を強固な城壁で守るのは、都市機能が不全に陥ることを防ぐためである。長安（現西安）をはじめとする中国の都市も、それに近い発想でつくられていた。一方、島国なので国境を越えて異民族が侵入する危険性が、ゼロとはいえないまでも低い日本では、城塞都市は発展しにくかった。北条氏が海外の事例を聞きおよんでいたかどうかはわからないが、発想は海外の城塞都市と非常に近い。

秀吉や家康も真似した北条氏の独創性

ところで、北条氏は関東一円に支城網を張りめぐらせていた。北条氏の戦術は、小田原城だけでなく、鉢形城（埼玉県寄居町）や韮山城（静岡県伊豆の国市）を筆頭にこれらの支城でも籠城戦を繰り広げながら、豊臣方の軍勢を領内の奥深くにまで誘いこんだうえで、支城どうしが連携してはさみ撃ちにするというものだった。

そのためにおよそ三万五千と推定される軍勢を、小田原城を中心に各支城にも配備したが、豊臣方の軍勢は予想をはるかに上回る、二十二万にもおよぶ空前の大軍だった。天正十八年（一五九〇）三月二十九日、鉄壁の守りがほどこされた山中城（静岡県三島市）がわずか半日の攻防で落城する。だが、それは山中城の問題ではなく、これほど圧倒的な軍勢が攻め寄せれば、なすすべがなかったということである。

その後、北条方の防衛線は次々と破られ、小田原城は早々に包囲されてしまう。四月半ば以降は主要な支城の開城が相次ぎ、小田原城は孤立して、当初の目論見はすでについえていた。豊臣方は大軍であるだけに、食糧の維持や兵站線の確保に支障をきたすに違いない、というのが北条方の読みだったが、現実には、秀吉は本陣として石垣山に総石垣で天守まで建つ絢爛たる城を築き、そこに側室の淀殿を招いたほか、千利休を招いて茶会を開き、能役者や猿楽師までよび寄せていた。天下統一を終えようとしている独裁者との力の差は、いかんともしがたかった。

こうして北条氏直は七月一日ごろに開城を決意し、七月五日に城を出て滝川雄利の陣所に入り、自分の命と引き換えに城兵を赦免してくれるように秀吉に嘆願した。結局、首謀者と目された四人、氏直の父で北条四代の氏政とその弟の氏照、ほかに重臣二人が切腹を命じられ、氏直は高野山に追放され、ここに戦国大名としての北条氏は滅亡した。

しかし、じつは小田原城は開城したけれども、あくまでも無血開城であって、秀吉は二十二万の大軍をもってしても、壮大で堅固な総構で囲まれた小田原城を攻め落とすことはできていない。そのため小田原合戦を機に、城下町全体を囲む総構を築こうとする武将が、天下人たる秀吉をはじめとして現れた。

まず、小田原合戦の翌年の天正十九年（一五九一）正月から、秀吉は京都の洛中を二十三キロにわたって土塁と堀で取り囲む御土居を構築しはじめた。政庁兼邸宅をすでに大坂城から京都の聚楽第に移していた秀吉が、それを防御する総構として小田原城を参考に築いたであろうことは、容易に想像がつく。続いて文禄三年（一五九四）には大坂城にも一辺二キロ、計八キロにおよぶ総構の堀を掘っている。

事実、総構に囲まれた大坂城は難攻不落で、徳川家康は大坂冬の陣で二十万の大軍をも

京都に残る秀吉の御土居の一部

って攻めても、城自体を落とすことはできなかった。だからこそ、総構の破却を和議の条件にしたのである。江戸城に総構が築かれたのも、それが敵に対してきわめて有効な障害物であることを、家康以下、徳川将軍が熟知していたからにほかならない。

総構はほかにも岡山城や姫路城をはじめ、多くの城で採用される。だが、いずれもヨーロッパの城砦都市とくらべたときに決定的な違いに気づかされる。ヨーロッパでは都市を囲む外側の城壁をもっとも強固に構築するのに対し、日本の城の総構は、中枢部の堀や城壁よりも貧弱なのだ。むろん、それでも敵の侵攻を遅らせる効果は大きいだろうが、あくまでも守るべきは中枢部であったことがわかる。異民族に攻められる危険性が低い日本では、都市を住人とともに守るという発想は育ちにくかった。

だからこそ、切羽詰まってのことであるにせよ、小田原城に周囲九キロもの総構を築いた北条氏の独創性は評価されていい。

小田原城の総構はいまも随所に残っている。とりわけ県立小田原高校の西側にあたる小峯御鐘ノ台周辺では、土塁や空堀を観察しやすい。

最初に三の丸外郭新堀土塁を訪れるといい。ここは総構を築きはじめる前に構築された小田原城の外郭で、土塁のほか曲輪が保存整備され、建物の下にあったと思われる地下室なども見ることができる。

そこから道路をはさんで北側の小峯御鐘ノ台大堀切東堀では、北条氏の時代の様子がもっともよく確認できる。もともとは三の丸新堀の一部として、この丘陵部を守るために尾根を切断するように築かれ、総構ができるとそこに接続されたものだ。約二百八十メートルにわたって堀底を散策でき、その途中には堀を屈折させ、側面から敵を攻撃できるようにした横矢掛りも見ることができる。いまは埋まっているが、ここも堀底に堀障子がもうけられた障子堀だったことが、発掘調査でわかっている。

その西側には東堀にならんで中堀、西堀が掘られ、合わせて三つの空堀が複雑に組み合わされていた。そのうち西堀は、いまも空堀と土塁がよく残り、その北端で総構の空堀と

小田原城小峯御鐘ノ台大堀切東堀

小峯御鐘ノ台堀切に残る、屈折した横矢掛りの跡

弧を描く稲荷森の総構堀

接続しているのを確認できる。そこから少し東の稲荷森では、急峻な斜面の下に総構の堀が地形に沿って大きく弧を描いている。この堀は、いまはわずかにしか残っていないが内側にも外側にも土塁が築かれていた。秀吉の軍勢が手も足も出せなかったのがよくわかる。

地震と倒壊の繰り返し

小田原合戦が終わると、北条氏の旧領である関八州は徳川家康にあたえられたが、家康は本拠を江戸に構え、徳川家譜代の大久保忠世が小田原城主になった。それから少しずつ改修の手が加えられたが、忠世の死後、あとを継いだ嫡子の忠隣は慶長十九年（一六一四）に改易されてしまう。

その後は幕府の直轄地となり、元和五年

（一六一九）には阿部正次が城主になるが、早くも同九年には武蔵国（埼玉県）岩槻に移封となり、ふたたび幕府の直轄地になった。城主が置かれなかったのは、同年に将軍職を息子の家光に譲って大御所となった徳川秀忠が、小田原城を隠居城にするという希望をもっていたからだが、寛永九年（一六三二）に秀忠が死去したために計画は流れ、その年に稲葉正勝が下野国（栃木県）真岡から移って小田原城主になった。

家光子飼いの側近だった稲葉正勝の入封は、前年五月に家光の弟で駿府城主の徳川忠長が甲府への蟄居を命じられたこと（翌年、改易になる）と関係がある。江戸の西を守り固めるうえで、小田原が以前にも増して重要になったのである。そのことは、幕府が箱根をはじめとする五つの関所の管理を正勝にゆだねたことからもわかる。

正勝は寛永十年（一六三三）の正月から早速、城の整備に取りかかる。ところが、その矢先の一月十一日、マグニチュード七・一と推定される寛永小田原大地震が発生し、小田原城も城下も壊滅的な被害を受けてしまうのである。北条氏以来の中世の面影を残す小田原城の中枢部は、ほぼ失われてしまった。

しかし、そこは江戸の西側の押さえをになう小田原城である。その翌年、将軍家光が上洛する際、小田原城に宿泊する予定だったこともあり、石垣の普請のほか天守や本丸御殿、櫓などの作事には、幕府の普請奉行や大工頭が動員され、さらには四万五千両の費用を幕府が負担した。稲葉家は一万七千両を投じて二の丸御殿などを修復しただけで済んでいる。稲葉家はその後、五十余年にわたり小田原城主として君臨する。すでに武家諸法度によって、諸大名による城郭の修復などは厳しく統制されていたが、その間、小田原城の整備は七回認められている。それは幕府にとって特別な城だったことの証だが、小田原城がその後もたびたび地震などの被害に遭ったということでもある。

正保四年（一六四七）五月にはマグニチュード六・五の武相地震が発生し、石垣が崩壊している。さらに翌慶安元年（一六四八）四月にも小田原を震源とするマグニチュード七の地震が起き、かなりの被害を受けたようだ。

その後、稲葉家は貞享二年（一六八五）に越後国（新潟県）高田に国替えになり、大久保忠朝が下総国（千葉県）佐倉から移ってきた。大久保家はこうして七十二年ぶりに小田原に返り咲き、廃藩置県まで小田原城主を務めることになった。小田原に戻ったこと自体は、大久保家にとってめでたいことだったが、その後の小田原の統治は、同時に苦難の歴史でもあった。

元禄十六年（一七〇三）十一月二十三日、房総沖が震源のマグニチュード八・一規模の南関東駿豆地震が発生すると、相模トラフの延長にある小田原はひとたまりもなかった。城郭建築はもちろん、侍屋敷や町屋のすべてが倒壊し、十二カ所から発火して城内は天守をはじめ全焼。さらには津波で多くの命が犠牲になったという。

幕府から借金をするなどして復興に取りかかった結果、宝永三年（一七〇六）には天守が完成。追って小田原城全域の復興がなった。ところが、翌宝永四年十一月二十三日に富士山が噴火し（宝永大噴火）、大きな被害を受けている。

それからしばらく平穏な時が流れたものの、やはり地震は避けられない。天明二年（一七八二）七月十四日に、マグニチュード七・三と推定される武相地震が発生し、天守が大きく傾いたほか櫓や塀の多くが倒壊した。その後も休まることはなく、天保十四年（一八四三）の地震に続いて、嘉永六年（一八五三）二月の嘉永大地震でも、天守が大破したほか、各所で石垣が崩れ、倒壊する建物も相次いだ。

とどめを刺した関東大震災と平成の復元

近世の小田原城の歴史をたどると、この日本で城を維持することがいかに困難であるか思い知らされる。事実、明治三年（一八七〇）、版籍奉還を受けて知藩事になっていた旧藩主の大久保忠良（ただよし）は、維持管理が困難であることを理由に、新政府に小田原城の廃城を願い出ている。それを受け、天守は明治三年十一月に解体されて払い下げられ、ほかの建造物も相次いで解体されてしまった。

ほとんどの建造物を失った小田原城は、陸軍省の所管をへて小田原町の所有になり、続いて宮内省に移管されると、明治三十四年（一九〇一）に旧本丸および二の丸に御用邸が建設された。そこに大正十二年（一九二三）、マグニチュード七・九の関東大震災が襲った。震源地だった小田原は、文字どおりに壊滅的な被害をこうむってしまう。

　御用邸の建物がみな倒壊したのはもちろんのこと、城内の石垣のほとんどが崩れ、かろうじて残った石垣は波打ったり、はらんだりしてしまった。本丸を囲んでいた石垣もすべて崩落し、現在もすべり落ちたままになっている。天守台も崩れ落ちた。二の丸に唯一現存していた平櫓も石垣もろとも倒壊した。

　もうこの時代は江戸時代とは違い、城が災害に見舞われたからといって、すぐに復興する必然性がない。小田原城址が史跡の指定を受けるのは、昭和十三年（一九三八）を待たなければならなかった。震災後の小田原城は、消え失せる危機にあった。

　御用邸が廃止になり、小田原城が神奈川県と小田原町に払い下げられると、町は二の丸堀の埋め立てを計画し、そこに小学校と高等女学校を移転しようとした。しかし、激しい反対運動が起き、二の丸の外堀は保存されることになった。そして堀沿いの崩れた石垣が積み直されたが、一方で銅門と馬屋（うまや）曲輪、御茶壺（おちゃつぼ）曲輪のあいだを仕切る住吉堀は埋め立てられ、そこに小田原高等女学校（のちの小田原城内高校）が設置されてしまった。

昭和35年に外観復元された小田原城天守

戦後は一転して、復興と史跡整備が進められていく。まず昭和二十五年（一九五〇）から崩れていた天守台の石垣が積み直され、同三十五年に鉄筋コンクリート造で天守が復興した。元禄地震で焼失後、宝永三年（一七〇六）に再建され、なんども被害に遭ったのちに明治三年（一八七〇）に取り壊された天守の外観を、遺された模型や絵図を頼りに再現したものだ。ただし最上層の廻縁（まわりえん）は、もともとはなかったのに、再建時に小田原市の要望で設置されたという残念なシロモノである。また、昭和四十六年（一九七一）には本丸の正門である常盤木門（ときわぎもん）も、鉄筋コンクリート造（一部木造）で外観復元された。

しかし、小田原城の復元整備の白眉は、住吉堀および銅門と馬出門（うまだしもん）だろう。二の丸にあった小学校と高校が移転すると、復元に先立って昭和五十八年（一九八三）から十年におよぶ発掘調査が行われた。その成果や江戸時代の絵図をもとに、発掘と並行して昭和六十三年（一九八八）から住吉堀と石垣が整備され、幕末の姿でよみがえった。関東大震災後の埋め立てが愚策であったことを認めたことにも意義がある。

平成二年（一九九〇）には銅門枡形に続く住吉橋が木造で復元された。続いて銅門櫓台の石垣が完成すると、高麗門と櫓門からなる銅門（明治五年に解体）を、枡形を囲う塀をふくめて伝統工法による木造で復元。門扉や鏡柱（かがみばしら）にはいま、その名の由来である銅の装飾が輝いている。

続いて平成二十一年（二〇〇九）には、三の丸から二の丸に入る際に銅門よりも前に通過する馬出門が、やはり伝統工法で復元された。この門は三の丸に正面を向ける馬出門と、それを抜けると左側にある内冠木門（うちかぶきもん）という二つの高麗門によって枡形を形成している。

ここまで近世の小田原城の変遷を、あえて淡々と述べてきた。そのほうが、あまりにも過酷な自然災害に、異常なほどの頻度で見舞われてきた小田原城の特殊性が、いっそう浮き出ると思ったからである。しかし、「特殊性」と述べたけれど、小田原城は地震国、そ

昭和46年に外観復元された小田原城常盤木門

木造復元された住吉橋と銅門

して災害国ニッポンの縮図でもある。

だから文化財の保護に際しても、復元に際しても、災害で壊れることを前提に修復のための予算やスキルを同時に蓄積する。日本ではそんなことが求められるはずだ。たとえば、戦災で破壊された街々をもとどおりに再建するという点で、ヨーロッパの国々のほうが先んじていたが、ほんとうはわれわれのほうが得意でなければいけないはずである。

第4章
熊本城
日本一美しく壮大な石垣には世界からの影響が

石垣の城だから広がった被害

熊本城を訪れると心が痛む。いまなお各所で石垣が崩落したままで、石の山のなかに崩れ落ちた塀の残骸が姿をのぞかせていたりもする。一刻も早い復旧を願うが、被害があまりにも広範囲におよぶため、復旧工事が完了する予定は二〇五二年度だという。先が長い。

平成二十八年（二〇一六）四月十四日と十六日、熊本は最大震度七の巨大地震に二度にわたって襲われた。その結果、熊本城では石垣が五十カ所で崩落。地盤沈下や地割れも七十カ所で発生し、国の重要文化財に指定されていた十三棟の現存建造物は、すべてが被害を受けた。たとえば宇土櫓の続櫓は完全に倒壊し、北十八間櫓は二十メートルの高石垣とともに崩落してしまった。

昭和と平成に復元された建築も、大半が大きな被害を受けた。昭和三十五年（一九六〇）に鉄筋コンクリートで外観復元された大小の天守は、天守台の石垣があちこちで崩れ、大半の瓦が落ち、柱の基部が大きく損傷するなどした。

それに熊本城では、平成九年（一九九七）に「復元整備計画」が策定されて以来、三十年から五十年をかけて江戸時代の雄姿にできるだけ近づける、という取り組みの真っただなかだった。そして震災の二年前までに、西出丸一帯の櫓や門ならびに塀、飯田丸五階櫓、

右手の続櫓が失われた痛々しい熊本城宇土櫓

本丸御殿などが木造で復元されていたが、そのすべてが被災した。たとえば飯田丸五階櫓は、「奇跡の一本石垣」に支えられてかろうじて倒壊をまぬかれた、あの建物である。

熊本城が築かれている標高五十メートルほどの茶臼山（ちゃうすやま）は、約九万年前に阿蘇山（あそさん）が噴火した際の火砕流が堆積した層が基盤になっている。それが凝固して岩盤になっていればいいのだが、茶臼山一体では十分に溶結しておらず、軽石をふくんだ火山灰が四十メートルほど堆積した状態なのだという。そのうえに築かれた石垣だから、崩落しやすかった面があるのかもしれない。

しかし、見方を変えれば、こうもいえ

いまも随所で石垣が崩れたままの熊本城

石垣に囲まれているだけに被害が大きかった（本丸にいたる屈曲した登城路）

るだろう。熊本城は全国の城でほかに類を見ないレベルで、何重もの累々たる石垣に囲まれている。こんなに過剰なまでに石垣が築かれていなければ、先の地震でこうも甚大な被害を受けなくても済んだのではないか、と。

ただし、もともとの石垣はかなり頑丈だったこともわかっている。地震によって石垣が被害を受けた箇所を確認した結果、築城当初のままの石垣はほとんどが、大きな被害を受けていなかった。崩壊した石垣の大半は、少なくとも一度は修理された箇所で、また、当初からの石垣と修理された石垣の境目付近での被害が多かったという。

「江戸城のほかにこれほど広い城は」

熊本城を築いたのは周知のとおり、加藤清正(かとうきよまさ)

である。天正十六年（一五八八）に肥後国に入った清正は、中世以来の隈本城（古城）を整備して石垣の城に大きく改造した。しかし、その後の朝鮮出兵から帰国すると、現在の熊本県立第一高校の敷地を中心とした隈本城では不足だと判断し、その東側の茶臼山へのあらたな築城を決意。慶長四年（一五九九）から急ピッチで工事を進めた。

というのも、慶長三年（一五九八）に豊臣秀吉が死去してから、国内の情勢はにわかに不穏な空気を増し、政治の主導権をめぐって緊張が高まっていた。情勢がどのように転んでも十分に防御できるように、清正が可能なかぎり堅固な城を築こうとしたことは、想像に難くない。慶長五年（一六〇〇）九月の関ヶ原合戦のころには、いまある天守台上に、すでに大天守がそびえていた。

また、関ヶ原合戦で雌雄が決したのちも、江戸に徳川、大坂に豊臣という、権力の事実上の二元体制が続き、いつまた内乱状態におちいるかわからない情勢だった。少なくとも、西国の大名たちはそう認識しており、競って堅固な城を築こうとした。なかでも清正の意識が突出しており、慶長十六年（一六一一）に清正が没すると、それはあとを継いだ嫡男の忠広に継承された。

熊本城の縄張りが展開する茶臼山は、細長い台地の先端が広がった形状で、北、東、南は川による浸食で高さ二十五〜四十五メートルの崖になっている。清正はこの崖を利用して高石垣をめぐらせ、外敵の侵入を不可能にした。一方、西側は地続きになっているので、深い空堀で断ち切ったうえで、堀の内側に西出丸という曲輪をもうけて、その西側の二の丸とのあいだを完全に遮断。本丸に侵入できないようにした。

だが、清正はそれでも安心できなかったとみえ、南方の竹の丸から飯田丸を抜けて本丸にいたる登城路をジグザグに屈曲させ、その両側に高石垣を築いて櫓を多数建てた。どこまでも鉄壁な守りが追求されたのである。

こうして築かれた熊本城は、だれの目にも異様なほど壮大で堅固に映ったようだ。たとえば、寛永九年（一六三二）に加藤忠広が改易となったのち、代わりに五十四万石の領主として熊本に入城した細川忠利は、その翌日の十二月九日、息子の光尚に「江戸城のほかにこれほど広い城は見たことがない」という感想を書き送っている。

また、同じ忠利は翌寛永十年五月には、「地震のときには怖くて本丸にいられない」という旨を知らせている。「本丸にはわずかな庭もなく、四方は高石垣に囲まれ、櫓や天守も危険だ」というのである。事実、熊本城は細川時代をとおしてたびたび地震に見舞われ、石垣が修復された記録だけでも二十回におよんでいる。

この過剰なまでの石垣の城が、実際に難攻不落であることは、明治十年（一八七七）の西南戦争で証明された。この年二月、西郷隆盛に率いられた一万三千人の薩摩士族は、明治政府に反旗をひるがえして東京をめざした。これに対して政府軍は、薩摩軍が鹿児島を出発する前日の二月十四日、その進路の途中にある熊本城への籠城を決定した。

その五日後、本丸に置かれた熊本鎮台本営から火が出た。火災の原因は、いまなお謎につつまれているが、天守や本丸御殿が焼け落ちてしまったのは残念でならない。しかし、その後、薩摩軍に総攻撃を仕かけられ、数々の激戦に見舞われるが、五十日を超えた籠城戦で城は落ちるどころか、敵兵を一歩もなかに入れることなく持ちこたえたのである。

清正流は傾斜がゆるやかな扇の勾配

「熊本城の石垣」とひと言でいっても、築かれた時期によって積み方や傾斜が異なる。そのなかで、加藤清正が築いた石垣は傾斜がゆるやかで、出隅のすそが大きく広がり、上端に近づくほど垂直に近く立ち上がって、反り方が非常に顕著である。この反りは武者が登りきれずに返されてしまうため「武者返し(むしゃがえし)」ともいわれる。石垣の勾配が扇を開いたときのような曲線を描いているので「扇の勾配」ともよばれる。

また、隅角部の積み方がまだ算木積になっていない。算木積とは、長辺が短辺の二～三倍ある直方体の石をもちいて、長辺と短辺がたがい違いになるように隅角部を積み上げ、重力を斜めに逃がして強度を確保する積み方だ。清正のころは代わりに、ゆるい勾配によ

加藤清正が築いた「扇の勾配」とよばれる大天守台

って重力を逃がしていたのだろう。

現在、熊本城内は各所で復旧工事が行われ、ところによっては、石垣が崩れたままになっている。このため仮設の特別見学通路が空中歩廊として設置され、重機や車両が通行する上部で安全に見学できる。その通路上から本丸の「二様の石垣」もながめられる。

右側手前に見える、清正の時代に築かれた石垣は、傾斜が五十度程度と非常にゆるやかで、算木積も完成されていない。一方、細川時代に積み足された左側奥の石垣は、傾斜が急で六十三度になる。隅角部に算木積が採用され、重力を逃がすことができているから、すそを広げる必要がなかったのだ。

また、天守台の石垣もわかりやすい。関ヶ原合戦の前に完成した大天守台は、清正時代の特

二様の石垣。手前が加藤清正時代、奥が細川時代のもの

いち早く復興された熊本城の大小天守

徴がはっきりと見てとれるのに対し、忠広の代に築き足された小天守台は、算木積が完成していて、勾配は急角度になっている。

私が熊本城を見ていちばん驚くのは、短期間に大きく進化した石垣築造技術についてである。城郭全体を石垣で取り囲んだ総石垣の城は、織田信長が天正四年（一五七六）から築いた安土城にはじまる。しかし安土城の石垣も、豊臣秀吉が天正十一年（一五八三）から築いた大坂城の石垣も、基本的に野面積で築かれ、高石垣を築く技術も未熟だった。

それから十数年、あるいは二十数年という短期間で、清正はどのようにして石垣を築く技術をここまで進化させたのだろうか。

朝鮮半島での究極の体験から

清正は幼いころから秀吉に仕えながら、石垣を構築する技術の発展を体得してきたようだ。秀吉による、石垣をもちいた長浜城や姫路城の築城を目の当たりにし、秀吉が天下人になってからは、大坂城や肥前名護屋城などの普請にかかわった。

清正にとって決定的だったのは文禄元年（一五九二）にはじまった文禄・慶長の役、すなわち朝鮮出兵だった。とりわけ慶長二年（一五九七）に朝鮮へ再侵攻した際は、明軍が日本軍の北上を阻止したので、日本軍は朝鮮半島南岸一帯に築いたいわゆる倭城、つまり日本式の城郭に籠った。

清正は西生浦倭城や蔚山城を築いたが、とくに蔚山城の築城は、従軍僧の慶念が記した『朝鮮日々記』によれば、日本から連れてこられた農民らが一日じゅう、木々の伐採や城の普請に駆り立てられ、怠ければ見張りの侍に首を切られるという、過酷な状況だったという。さらには、この蔚山城は兵糧も兵士も十分でないまま明と朝鮮の軍に包囲され、救援軍がかけつけて助かったものの、清正をはじめ日本軍は恐怖のどん底に落とされたという。

敵地で短期間に築城する必要があったため、倭城では石垣も一定程度加工し、規格化して積む必要が生じたようだ。また、そのように余裕がない状況で文字どおりの命綱を築くのだから、持てる技術を最大限に、しかも効率的に活かすほかない。そうした究極の状況での鍛錬が大きな発展や革新につながることはいうまでもない。

加えて清正にとっては、蔚山城で飢えに苦しみながら籠城戦を戦った経験は、もう同じ体験はしたくない、だれに攻められようと陥落しない難攻不落の城を築くしかない、という強い意志につながったようだ。

信長が安土城に総石垣を導入した背景には、ヨーロッパの影響が少なからずあるに違いない。宣教師たちの話を聞くのが好きだった信長は、ヨーロッパにはどんな城が築かれているのかと尋ね、石で築かれているという回答を得ていたことだろう。インドやヨーロッパの王に、自分の統治がどう評価され、自分の城がどのように映るか、非常に気にしていた信長のことである。石をもちいることでヨーロッパに負けないものを、と考えたことは想像に難くない。

そうしてはじまった石垣の城の歴史を、普請に携わりながら生きてきた清正。さらには補給路も逃げ場もない異国の地で、生きるか死ぬかの状況に置かれながら、少しでも堅固な城を築こうと努め、そうして築いた城で、過烈な防衛戦を体験した。

熊本城の石垣は美しい。日本一美しいといっても、だれも過言だと感じないだろう。それは日本の城ならではの美しさではあるけれど、海の向こうにおける過酷な体験をも背景にした、究極的な防衛本能に支えられた美しさである。

第5章
姫路城
世界が認めた屈指の名城がこれほど美しい隠された理由

日本初の世界遺産は江戸時代から特別な名城

平成五年（一九九三）に法隆寺とならび、日本ではじめてユネスコの世界文化遺産に登録されたことからも、姫路城の価値は世界水準でお墨つきである。価値のひとつは量的なもので、日本の城のなかでは現存建造物が圧倒的に多く、大天守をはじめ八棟が国宝に、七十四棟が重要文化財に指定されている。そのボリュームだけで十分に価値が高い。

だが、姫路城の価値は、多くの建造物がたまたま残ったから生じたのではない。江戸時代から名城の誉れ高く、それゆえに残そうという機運も高まったといえる。

明治六年（一八七三）一月十四日、明治政府は太政官を通じて陸軍省および大蔵省に、悪名高い、いわゆる「廃城令」を発した。明治維新をむかえた時点で、日本には百九十三の城があり、城持ちではない大名の本拠地だった百二十七の陣屋も加えれば、三百を超える城が存在していた。それを「廃城令」によって、五十六（異説あり）の「存城」と、それ以外の「廃城」に分けたのである。しかも、一般財産として処分される対象になった「廃城」に対し、「存城」が保存の対象になったというわけではない。後世のように文化財として残すのとはまったく異なり、陸軍の軍用財産とされたにすぎなかった。

だから姫路城も明治七年、大阪鎮台の歩兵第十連隊が三の丸に駐屯することになると、

圧倒的に美しい姫路城天守

御殿群は壊され、大手門をはじめ複数の門や櫓は競売にかけられた。また、残された建造物も荒廃するにまかされたが、保存を求める声があがったのは名城ゆえだろう。事実、江戸時代の各種道中記にも、「姫路城は日本一」という趣旨の記述が散見されるという。

明治十年（一八七七）には、陸軍で姫路城を管理する工兵第四方面提理代理の飛鳥井雅古少佐が、西郷従道陸軍卿代理に天守の修理を要請した。続いて翌年には、陸軍省第四局長代理の中村重遠大佐が陸軍卿の山県有朋に、名古屋城と姫路城の修理保存の建白書を提出した。それらが受理され、名古屋城と姫路城の保存が決まったのだが、この事実は、まだ現存する城も多かった明治十年前後にはすでに、姫路城が名古屋城とならんで、後世に残すべき格別の城として認識されていたことを物語っている。

たしかに姫路城は美しい。石垣とそのうえに建てられた白亜の櫓や門、塀が複雑に重なり合う重層的な景観は、ほかの失われた近世城郭の古写真や復元図と比較しても、唯一無二の美しさを湛えている。とりわけ、立体的に重なる三棟の小天守に囲まれて大天守がそびえる姿は圧巻である。

だが、じつは姫路城の美しさは、ねらって生み出されたものではない。特別な美が誕生した理由を知るために、まず、この城の歴史をひもときたい。

西国大名と大坂の豊臣秀頼を監視する城

姫路城の内郭の中心部は、本丸を中心とした標高四十五・六メートルの「姫山」と、西の丸があるやや低い「鷺山（さぎやま）」から構成されている。姫山に城が築かれたことが文献

石垣と建築が重層的に重なり合う

で確認できるのは十六世紀半ばで、城主は黒田重隆だった。豊臣秀吉に仕えた軍師、黒田官兵衛孝高の祖父である。そして天正八年（一五八〇）、二代のちの官兵衛が城主だったときのこと。播磨国を平定し、いよいよ中国地方の毛利を攻めに出る羽柴秀吉に、官兵衛は、因幡街道、伯耆街道、但馬街道、京街道、そして室津街道がとおる交通の要衝で、中国攻略の拠点として望ましい姫路城を、無償で献上したという。

　このとき、総石垣で天守が

そびえ、多くの建造物に瓦が葺かれた織田信長の安土城は、すでに存在していた。黒田家が城を構えていた地に秀吉があらたに築いた姫路城も、広範に石垣が積まれ、三層四階の天守が築かれたと伝わる。姫路城は信長が西国に出陣する際の御座所にも予定されていたというから、当然だろう。天正十一年（一五八三）、秀吉が大坂城に移ると弟の秀長が入り、続いて秀吉の正室おねの兄、木下家定の居城となった。

しかし、いま見る姫路城は秀吉が築いたときの姿ではない。

関ヶ原合戦後、徳川家康の次女の督姫をめとっていて、東軍での活躍もめざましかった池田輝政が、論功行賞で三河国（愛知県）吉田十五万二千石から大幅に加増され、五十二万石余りの大身となって姫路に入城する。池田氏は一族で百万石を擁する大大名となったが、それは家康の期待のあらわれでもあった。交通の要衝である姫路の城主となった輝政は、外様ながら「西国将軍」の異名を得て、秀吉恩顧の大名が居ならぶ西国を監視し、大坂の豊臣秀頼にも目を光らせるという、いわば徳川幕府の最重要任務を課されることになったのである。

そういう前提のもとに、慶長六年（一六〇一）から輝政が築城を開始したのが、いま見る姫路城で、秀吉が築いた天守などが取り壊され、慶長十四年（一六〇九）までには現存する白亜の連立天守が完成している。そして、三重の堀を左回りのらせん状にめぐらせ、城下町をも取り囲んだ総構の城の原型がかたちづくられた。

しかし、慶長十八年（一六一三）に池田輝政は死去する。家督を継いだ嫡男の利隆も元和二年（一六一六）に急逝すると、わずか八歳の光政が家督を継ぐほかなく、幼少の藩主では枢要の地は守れないという理由で鳥取三十二万石に移封されてしまう。そこで、徳川四天王のひとり本多忠勝の長男、忠政が十五万石をたまわって伊勢国（三重県）桑名から入封した。この時代に西の丸があらたに造営されたほか、三の丸の御殿群や各所の枡形虎口が整備されるなどして、姫路城の全容が整えられた。

ちなみに、本多家も寛永十四年（一六三七）、大和国（奈良県）郡山に転封となって、家康の外孫の松平忠明が入封した。ところが、正保元年（一六四四）に家督を継いだ忠弘は十四歳だったので、四年後の慶安元年（一六四八）に山形に転封。やはり家康の孫の松平直基が城主になるが、わずか七歳で死去して七歳の直矩が家督を継ぐと、越後国（新潟県）村上に転封されている。代わって徳川四天王の榊原康政の孫、忠次が入封するものの、二代のちの政倫がわずか三歳だったため、ふたたび松平直矩が姫路城主に戻っている。

こうしためまぐるしい転封と入封は、寛延二年（一七四九）に、酒井忠恭が上野国（群馬県）前橋から移ってくるまで繰り返された。すなわち、「西国将軍」として君臨した池田輝政ののちも、姫路城主は「西国探題」とよばれ、西国大名の謀反を食い止める最前線であり続けたため、譜代や親藩のなかでも重鎮が充てられただけでなく、幼少の城主は置かないという不文律ができていたのである。

羽柴時代の石垣と迷路のような進路

このように江戸時代を通じて重要な軍事拠点であった姫路城は、三重の堀に二十二の城門がもうけられ、その多くは方形（枡形）に周囲を囲んで二つの出入り口をもうけた枡形虎口だった。しかし、江戸城や徳川大坂城、名古屋城などにも通じる、その整然とした近世的な城門の姿は、建造物や石垣が折り重なった、われわれが見慣れている姫路城の重層的な景観とは異なっていた。実際、内堀の内側の内曲輪に入ったのちは、このような典型的な枡形虎口には出会わない。

論より証拠で、内曲輪を天守に向かって歩いてみたい。俗に大手門とよばれる、昭和十三年（一九三八）に設置された桐外門（歴史的な門とは形状も大きさも異なる）を抜けると広大な広場に出る。ここが三の丸で、江戸時代には城主の休息所と迎賓館（げいひんかん）を兼ねた向屋敷が東側に、二代将軍徳川秀忠の長女、千姫（せんひめ）の居館だったという武蔵野御殿が南西に、そして西の高台には、藩庁と城主の居館を兼ねた本城が建ちならんでいたが、明治七年（一八七四）、歩兵第十連隊の兵舎を建てるために、すべて撤去されてしまった。

古風な装飾が施された左右非対称の菱の門

だだっ広い三の丸広場をとおり抜け、有料区域に入るとそこは二の丸で、「菱(ひし)の門」にむかえられる。縁に黒漆が塗られた釣鐘型の華頭窓(かとうまど)がしつらえられ、金の飾り金具が打ちつけられるなど、古風な装飾がほどこされた櫓門である。だが、門をくぐる前にその東方の石垣を見ておきたい。自然石がほとんど加工されないまま積まれた古式の「野面積」で、大型の築石(つきいし)が混在している。また、隅角部は直方体の石の長辺と短辺を交互に積み重ねていく「算木積」(この技法は関ヶ原合戦ののちに急速に発展した)がまだ見られない。つまり、羽柴時代に築かれたことがわかる。

そのさらに東方の上山里(かみやまざと)曲輪を囲む二段の石垣は、自然石をそのまま積んだことがいっそう明瞭だ。羽柴時代は石垣による築城の草

姫路城「はの門」

創期で、高石垣を積む技術が未熟だったために、低い石垣を二段にすることで補ったのである。

さて菱の門だが、左右が非対称で、向かって左側だけが石垣に載る姿が変則的である。続く「いの門」も「ろの門」も、形状は高麗門だが、ともに片側にだけ脇戸がついており、左右対称ではない。その先の、右手の土塀と左手の石垣にはさまれた狭い坂は、テレビドラマ「暴れん坊将軍」のエンディングに使われたことから、俗に将軍坂とよばれているが、左手の石垣は一部が野面積で、のちに修復した痕はあるものの、羽柴時代の石積みが基礎になっているのは明らかだ。その先にある「はの門」は、門柱の礎石に燈籠（とうろう）や五輪塔の一部が転用されており、これも石材の供給体制が整っていなかった羽柴時代の特徴である。

はの門を抜けて右折すると、左手の石垣はやはり野面積で、勾配がゆるく算木積も整っておらず、羽柴時代の特徴が顕著に見てとれる。ここで天守が間近に見えてくるが、進路はヘアピンカーブのようにほぼ百八十度転回して天守から遠ざかり、急に道が狭くなって「にの門」に向かう。これは櫓の下をくぐるトンネルのような門で、抜けると進路はふたたび九十度屈曲する。このように天守までの道のりは、さながら迷路である。

旧式の縄張りと最新技術のハイブリッド

こうした複雑な進路は、敵の攻撃を削ぐうえで有効だったに違いない。また、建造物が幾重にも重なり合った姫路城ならではの美しさも、曲輪や通路がこうして入り組んで配置され、そのうえに櫓や塀が構築されることで生じたものである。だが、それが意図されたものかといえば、どうやらそうではない。

姫路城の内曲輪は、本多時代に西の丸が整備された鷺山は別にして、地山の形状や高低差など、元来の地形を活かしながら小さな曲輪をひな壇上にならべた、羽柴時代の縄張りを活用して築かれている。事実、ここまでに確認したほかにも、天守を取り囲む乾曲輪、西北腰曲輪、北腰曲輪、そして上山里曲輪などは、羽柴時代の石垣に囲まれている。しか

羽柴時代に積まれた上山里曲輪の二段の石垣

し、築城技術、ことさら石垣を積む技術は、信長の安土城以降、関ヶ原合戦前後までの二十余年で著しく向上した。要するに、池田輝政が姫山の縄張りを構築する際、土木技術が未熟だった時代に造成された構造を活かしたために、つづら折りの迷路のような通路ができ上がったというわけだ。

たとえば北腰曲輪の「ハの渡櫓」の軒先が美しい弧を描いているのは、それが載る石垣が湾曲しているからであり、上山里曲輪東方の太鼓櫓の床面が大きく傾斜しているのは、ゆがんだ石垣上に建てられたからである。

本多時代に築かれた西の丸は、地山の岩盤を削り、その土砂で谷を埋め、周囲に高石垣を築いて平坦な土地を生み出している。比較すると、姫山における旧式の縄張りの特徴がよくわかる。

一方、大天守と三棟の小天守が渡櫓で連結された、壮麗な連立式天守が載る天守台の石垣は、粗削りした加工石を積み上げた「打込ハギ」で、上物が建てられた慶長六〜十四年（一六〇一〜〇九）にあらたに積まれたものではある。しかし、そのわりには天守台の平面はいびつなかたちをしている。三つの小天守は、いずれも平面がゆがんでいて正方形でも長方形でもなく、大天守も東面の石垣が南に向かって狭まっていて、二重目まではゆがんだ石垣上にそのまま、ゆがみを修正せずに建てられている。

じつは天守群も、羽柴時代の三層四階の天守を壊したあとに建てられていたのだ。昭和の大修理の際、大天守台のなかに羽柴時代の天守台が収まっているのが確認され、そのことから、池田輝政が天守を新造する際、あたらしい石垣も羽柴時代の縄張りに沿って積まれたことがわかった。

先に、姫路城の天守群が立体的に重なり合う美しさに触れた。この摩天楼が林立するかのような景観は、旧式の縄張りを基礎にした、きわめて狭い天守台上に建てるほかなかったことの副産物ともいえる。むろん、池田輝政は美観を意識しただろうが、天守群を中心に建造物が濃密に重なり合う美しさは、旧式の縄張り上に最新の築城技術を応用したハイブリッドによって生み出された美なのである。

耐火性にすぐれた白漆喰総塗籠の意味

ところで、姫路城の現存建造物は、いずれも外壁が真っ白で、先ほどから強調している建造物の重層美は、白亜の壁がゆえに増している。この白壁は漆喰壁である。まず竹を格子状に組み、縄で巻きしめた小舞（こまい）という骨組みに、壁土を何層も重ね塗りする。そのうえに、石灰に麻のすさ、海藻などの有機物を混ぜて練り上げた漆喰を塗って仕上げる。姫路城のように建物全体を漆喰で塗り固めたものは、白漆喰総塗籠とよばれる。

土壁の厚さは一尺（約三十センチ）から、場所によっては二尺にもおよび、姫路城の多くの壁は、そのうえに三センチもの厚さで漆喰が塗られている。日本建築の壁面には、柱を露出させる真壁（しんかべ）と、柱を土壁で覆い隠してしまう大壁（おおかべ）がある。姫路城の現存建造物は、菱の門と大天守最上階が、柱を浮き上がらせながら漆喰で塗り籠めた真壁であるほかは、ほとんどに大壁が採用されている。

城郭建築が厚い土壁で覆われるようになった背景には、ヨーロッパからの鉄砲伝来による戦術の変化がある。石垣や瓦葺（かわらぶき）が普及したのも同様で、銃弾や大砲の攻撃に耐えられなければならなくなったからである。熊本城のように壁面に黒塗りの下見板を張っていても、じつは、その下は分厚い土壁で、簡単には炎上しなかった。とはいえ、漆喰で塗り籠めたほうが防火性能は高まったが、水分が浸透しやすい漆喰は耐水性が低く、全体的な耐久性では下見板にかなわなかった。維持するのにコストがかかったのである。

一族で百万石を擁し、西国将軍の任務を負っていた池田輝政だからこそ、コストを度外視して防火性を優先できたといえる。それが姫路城の威容、そして美観につながった。

ところで、漆喰の使用は古代エジプトのピラミッド、ギリシャやローマ時代の建造物にまでさかのぼり、いまもヨーロッパなどでは当たり前に使われている。日本にも千三百年ほど前に伝わったとされ、およそ千三百年ほど前の高松塚古墳の壁画も漆喰上に描かれており、平安初期からは寺社建築などにも使用されてきた。それが広範にもちいられるようになったのは、織田信長の安土城にはじまる築城ブームにおいてであった。

そのころ、ちょうど海藻糊を使う技法が発見され、コストダウンが実現したタイミングだった。とりわけ関ヶ原合戦ののち、耐火性を高められるのと同時に、白亜の威容によって富と権威を示せることから一気に広まり、施工技術も急速に向上した。

だが、ここで疑問を投げかけたい。姫路城が築城された当時、カトリックの宣教師への弾圧ははじまっていたものの、江戸幕府はキリスト教に対し、態度を完全に硬化させていたわけではなかった。つまり、数多くの宣教師が国内各地で活動していた。そして、彼らが天下人や大名たちに影響をおよぼしていたこと、それが建築にもおよんだであろうことは、安土城の章で述べた。

その際、イエズス会の年報に安土城について書かれた、「木造でありながら、内外共に石か煉瓦を使用したようで、ヨーロッパの最も壮麗な建物と遜色はない」というくだりを引用した。宣教師たちの話を通じて、天下人も大名たちも、次のように認識していたとは考えられないだろうか。火器や銃器の先進国、ヨーロッパの建築は、石やレンガを使用することで耐火性能を獲得し、壮麗さも確保している——。

石垣と、木材を覆い隠した漆喰壁で埋めつくされた姫路城の美観が、ヨーロッパ人が伝えた鉄砲によって戦術が変化した結果、生まれたものであることは、まぎれもない事実である。加えて、その白亜の美観の背景には、ヨーロッパに近いものを現出させたいという意識があった。すなわち、石やレンガによる建築は困難なので、漆喰で代用した——。そんな可能性も否定できないように思うのだが。

第6章 二条城

天皇に徳川の権勢を示す城に
これだけ見つかる西洋の痕跡

ヨーロッパ流に形成された景観

寛永三年（一六二六）九月二十六日、後水尾天皇が二条城に行幸した。幕府の威信をかけて五日間にわたり繰り広げられたこの一大イベントの期間は、二条城の歴史におけるもっとも華麗で豪奢な日々であった。すでに将軍職を息子の家光に譲りながら、大御所として実権を握っていた徳川秀忠が計画したもので、秀忠はその六年前、娘の和子を後水尾天皇の女御として入内させていた。

秀忠の頭には、天正十六年（一五八八）に豊臣秀吉が仕かけた、後陽成天皇の聚楽第への行幸があったはずである。そして、徳川があらたに築く大坂城のスケールが、豊臣の大坂城をはるかに凌駕しなければならなかったように、秀吉時代の行幸に負けるわけにはいかなかったに違いない。後述するように、二条城はその日に向けて大改修され、秀忠も家光もともに入洛して天皇や中宮和子らをむかえた。

このときのパレードの模様は、住友家に伝わった『二条城行幸図屏風』に鮮やかに活写されている。行列は二段に分けて描かれ、上段は右端に門（東大手門）が見える二条城に向かって、後水尾天皇の一行が壮麗な牛車を連ね、着飾った公家衆が供奉して進んでいる。下段は三代将軍家光が率いる武家の行列が、この日ばかりは公家装束に身をつつみ、天皇をむかえるために左端の御所に向かっている。

しかし、三千二百人以上が描き込まれているというこの屏風を彩るのは、公家と武家の行列だけではない。沿道の商家や桟敷、あるいはその前で、行列の見物を自由に楽しむさまざまな身分の男女が、こちらが主役と見まがうほど活き活きと描写されている。しかも、この時代のファッションは行列に負けず劣らず華やかだ。とりわけ小袖は男女ともに自由にデザインされ、そればかりか、天正年間（一五七三～九二）に中国から伝わった金糸などを織り込んだ金襴（きんらん）や、主に南蛮船によってもたらされた更紗（さらさ）、ヨーロッパから渡来した天鵞絨（ビロード）など、海外の素材が大胆に取り入れられているのが見てとれる。

すでにこのころはキリシタンが禁じられていたのはもちろんのこと、イギリスやスペインとの通商も断絶して鎖国体制に向かっていたが、ヨーロッパをはじめ海外との交流が盛んだった時代の息吹は、都の風俗にまだ色濃く跡を残していた。

じつは、そうした息吹は二条城にも見いだすことができる。二条城の大改修にあたっては、西に拡張された城域に本丸を新設し、その西南隅に天守台がもうけられた。その上にあらたに五層五階の天守が建てられたのだが、天守を中心とする景観構成がヨーロッパの発想と重なっていた。二条通を東から西に進むと、突き当たりにアイストップ（人の注意を引くためのもの）として真正面にあおぐことができるように、天守が建てられたのだ。

たとえば東京駅のレンガ造の駅舎が、行幸通りの東端のアイストップになるように景観が形成されている手法と同じである。

こうした都市デザインはヴィスタとよばれ、ルネサンス以後、すなわち十五世紀から十六世紀以降のヨーロッパで、景観形成の手法としておおいに流行した。その発想は更紗や天鵞絨と同様に、ヨーロッパとの交流が盛んだった時代の名残だと考えるのが自然ではないだろうか。

だが、それについて考察する前に、都の真ん中に徳川家康が築いたこの城の歴史と意義について、まず述べておきたい。

内裏を威圧する徳川の権勢の象徴

二条城の造営がはじまったのは、関ヶ原合戦から一年半ほどをへた慶長七年（一六〇二）五月のことだった。その三年前の慶長四年（一五九九）閏三月、家康は大坂城に移った豊臣秀頼のあとを受け、伏見城を居城にしていた。その伏見城は関ヶ原合戦の際に主要部が焼失したため、翌年から大規模な修復が開始されていたが、それでも家康には二条城が必要だった。

二条城の位置は、京都を北の上京（かみぎょう）と南の下京（しもぎょう）に分ける二条通の西端にあり、東側の正面が堀川通に面している。京都の中心、それも内裏の目と鼻の先に堅固な居館をもうけたのは、儀礼や典礼の場を必要としたからでもあるが、朝廷ばかりか諸大名にも、徳川の権勢を見せつけるという目的があったことはいうまでもない。東北方向に内裏があるからこそ、東を正面にしたと考えられる。豊臣秀吉が造営した聚楽第も二条城のやや北方、すなわち内裏の西方にあった。慶長六年（一六〇一）五月ごろには町屋の立ち退きがはじまり、十二月には関西の諸大名に造営工事が割り当てられた。

　早くも慶長八年（一六〇三）初頭には完成した二条城は、現在の二の丸を中心に一重の堀がめぐらされ、いまに残る二の丸御殿の原型や、大和郡山城から移築された天守が建っていた。同年二月十二日、伏見城で征夷大将軍の宣旨（天皇の命令を伝えること）を受けた家康は、三月二十日に竣工間もない二条城に入城。二十五日には衣冠束帯の正装で牛車に乗って二条城を出発し、内裏に参上して将軍拝賀の礼を行い、二十七日には今度は二条城に勅使をむかえて、将軍宣下の賀儀を行っている。

　しかし、家康は慶長十年（一六〇五）、わずか二年で将軍職を辞して嫡子秀忠に譲る。そのときも秀忠は父親同様、四月十六日に伏見城で将軍宣下を受け、二条城を出発して将軍拝賀の礼に参内した。こうして二条城は、徳川幕府の誕生と将軍職世襲を世に示す、重要な政治的装置となったのである。

その後、大坂冬の陣および夏の陣の本営も置かれた。豊臣氏が滅亡したのち、家康が公卿を招いて禁中並公家諸法度を公表し、天皇や公家の行動を細かく規制して武家の優位を示したのも二条城においてだった。

家康の死後は、元和六年(一六二〇)に秀忠の娘で十四歳の和子が入内する際、二条城が宿舎となり、そこから宮中に向けて行列が出発したので、和子のためにあらたな御殿が建てられた。そして、冒頭で述べた後水尾天皇の行幸に先立ち、親藩、譜代の大名に命じて、さらに大規模な改修と増築が行われた。

このとき城域は西に広げられ、東西約五百メートル、南北約四百メートルという現在の規模になった。敷地西側の凸型に突き出した部分と、その内側の堀に囲まれた本丸が、拡張された部分である。二の丸御殿は大改造され、その際に刷新されたものが現存する。また、二の丸御殿に隣接して天皇をむかえる行幸御殿、本丸には本丸御殿が新築されたほか、二の丸の北西隅に建っていた天守は解体されて淀(よど)城に移築され、本丸の西南隅にヴィスタが意識されたと思われる天守が新造された。

この天守は伏見城から移築されたと伝わるが、寛延三年(一七五〇)に落雷を受けて焼失したのちは再建されなかった。ちなみに後水尾天皇の行幸に際しては、秀忠が本丸御殿、家光が二の丸御殿に滞在した。また、天皇の行列は東大手門から入城したが、それにあた

伏見城から移築された天守が建っていた天守台

二条城東大手門

っては上部の櫓が取り除かれ、一時的に単層の門にされた。天皇を見下ろす構造がはばかられたといわれる。現在の櫓門は寛文二年（一六六二）に改修された姿である。

敷地が時計回りに三度ずれているのはなぜか

さて、寛永時のあらたな天守を中心としたヴィスタによる景観演出についてだが、ヨーロッパの影響を受けていることを文献で証明するすべはない。しかし、すでに述べたように、当時は庶民の風俗にまでヨーロッパは大きく浸透していた。宣教師はもとより、家康の外交顧問となったウィリアム・アダムス（三浦按針）をはじめとするヨーロッパ人たちが、長い直線街路の先にアイストップとしての建物が象徴的に見える景観構成の利点について、為政者たちに話さないということがあっただろうか。それに、ヨーロッパの建築を日本に再現するのは困難でも、ヴィスタのような景観構成のアウトラインについてなら、外国人の説明を理解するのは困難ではなかっただろう。

前述のように二条通は京都を南北に二分する通りである。家康がそれを遮断する位置に二条城を築いたのは、二条通を自分にとっての朱雀大路（すざくおおじ）にしたかったからだ、という見方もある。そうだとすれば、秀忠が父の意を汲んで西洋由来のアイディアのもと、「朱雀大路」の正面にモニュメンタルな建造物を置いたとしても不思議ではない。建築史家の宮本雅明氏は、当時の二条通はかつての朱雀大路にも匹敵する洛中の中心軸であり、寛永期の二条城の改造で、「この軸線をヴィスタによってさらに強調しようとしたのであろう」と述べる（「近世初期城下町のヴィスタに基づく都市設計」）。

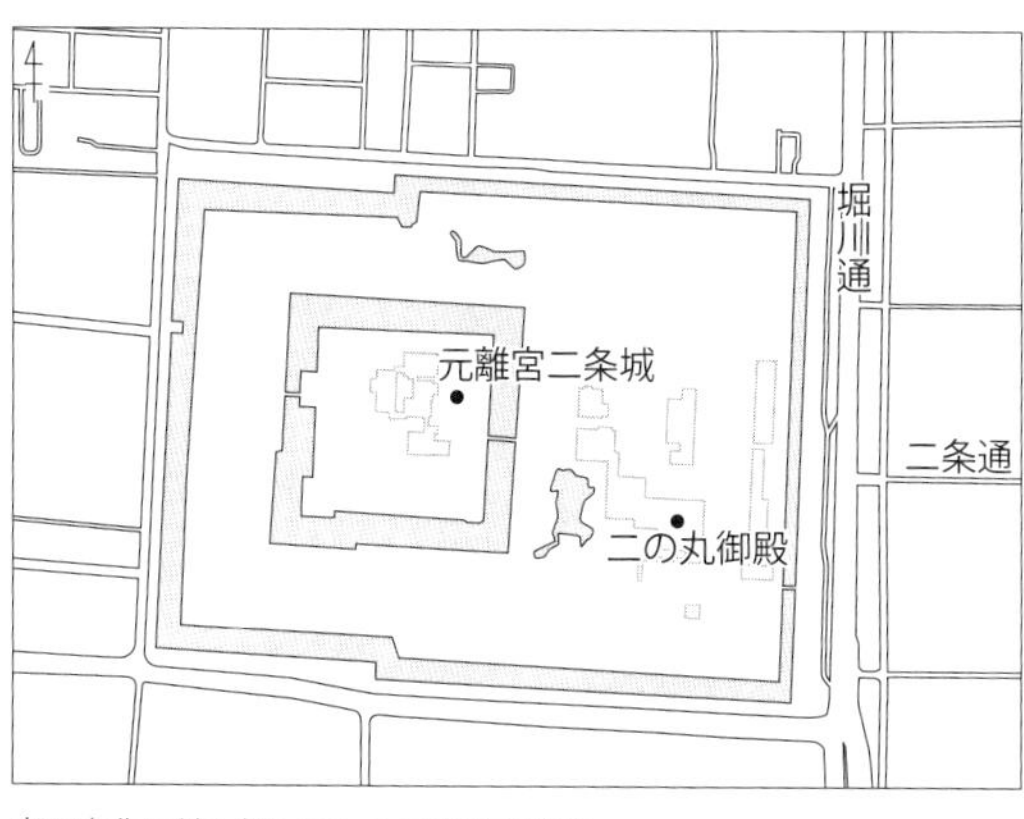

東西南北に対し傾いている二条城の敷地

西洋の影響が取り沙汰されている点には、敷地のずれもある。京都は条坊制の名残で道路が碁盤の目のように配備されているから、地図上で見るとわかりやすいが、二条城の敷地は南北の軸が東、すなわち時計回りに約三度傾いている。堀川通を歩いただけでも、南端から北端に進むほど二条城までの距離が短くなり、堀の前にある駐車場のスペースが極端に狭くなるのではっきりわかる。その理由について、やはり文献が残っているわけではないが、ヨーロッパからもたらされた方位磁石で南北方向を決めたせいである可能性が指摘されている。

じつは地図上の北と方位磁石が示す北とでは、角度に少しずれが生じる。このずれは「偏角」とよばれ、地磁気の変化にともなって変わる。国土地理院によれば、日本周辺における偏角は、現在は西向きに八度程度だが、二条城が築城されたころは、逆に東向きに八度程度だったという。平安京を造成した際には、おそらく太陽を基準に南北を定めたのではないかと考えられる。ところが、家康は方位磁石を使ったばかりに、南北軸が東に傾いてしまったというのである。

方位磁石といえば航海と切っても切り離せない。その点、のちに家康の外交顧問となったウィリアム・アダムス

二条城二の丸御殿

とヤン・ヨーステンが豊後（大分県）に漂着し、家康が彼らを引見したのは、慶長五年（一六〇〇）三月。すなわち、二条城の造営がはじまる二年余り前のことだった。

これに対し、たとえば加藤繁生氏は、秀吉が造営した聚楽第の発掘調査の結果を検討した結果、石垣の構築基準線が時計回りに傾いていることを、二カ所の残存石垣から確認したという。したがって、二条城の傾きは聚楽第に由来し、そもそも聚楽第の外郭北辺が沿っていたと考えられる元誓願寺通が傾いており、聚楽第の傾きの遠因はそこに見いだせる、という仮説を立てている。

現状では、真相がどこにあるかを示す決定打はない。しかし、秀吉が聚楽第を造営するときに方位磁石をもちいた可能性も、否定する材料はない。

蘇鉄と透視図法

現在、二条城はユネスコの世界文化遺産にも登録されている。そのなかでもとくに価値がある建造物が、国宝に指定されている二の丸御殿である。現存する城郭の御殿はわずか

二条城二の丸御殿の正門、唐門

蘇鉄の間の前にいまも生える蘇鉄

だが、とりわけ天下人の御殿となると、織田信長や豊臣秀吉のものが現存しないのはもちろん、徳川家の御殿も江戸城や大坂城はもとより、名古屋城もオリジナルは失われている。その意味で二条城二の丸御殿の価値は、とてつもなく高い。

　二の丸御殿の正門は、色彩まばゆい彫刻で装飾された唐門で、家康による創建時に建てられ、後水尾天皇の行幸に合わせて改修されたと考えられている。それをくぐると御殿が、車寄、遠侍（とおさぶらい）、式台、大広間、黒書院、白書院と、西側に少しずつ後ずさりするように雁行のかたちで連なっている。室内を飾るのは狩野（かのう）派による絢爛たる金碧障壁画で、寛永の改築の際に描かれたものと思われ、将軍の絶大な権力を象徴するだけでなく、美術的な価値も群を抜く。

　なかでも名高い部屋が、将軍が諸大名と対面する場で、十五代将軍慶喜（よしのぶ）が諸大名を前に大政奉還を発表したとされる（異説もある）大広間である。この大広間と、もう少し私的な対面所である黒書院をつなぐ渡り廊下状の建物は、蘇鉄（そてつ）の間とよばれる。ここは将軍が大広間に出座する前に控える部屋で、いまは失われているが、かつては蘇鉄を描いた障壁画で飾られていたという。また、そのすぐ外には庭の池泉の前に、いまも蘇鉄が生えている。

　蘇鉄とは熱帯や亜熱帯に自生する原始的なシダの形態を残した植物で、戦国時代以降、珍重されてきた。はじめて文献に登場するのは『蔭涼軒日録』の長享二年（一四八八）九月十六日の条で、守護大名の大内氏の邸宅について「大内の庭にそてつと云ふ草あり、高麗より来たる」と書かれている。交易をとおして南方の蘇鉄を手に入れたのだろう。その後、南蛮貿易を通じても蘇鉄は日本に流入した。

織田信長も蘇鉄に目がなく、堺の妙國寺の庭にあった蘇鉄を安土城に移植させたという。余談だが、安土に植え替えられた蘇鉄は「堺に帰りたい」と夜な夜な泣いたため、信長は家臣に斬らせようとしたが、すると血のようなものが噴き出て蛇のように動き出したので、さしもの信長も気味悪がって妙國寺に返した、という「怪談」も伝わっている。

そんな蘇鉄を家康は、二条城に何本も植えさせた。つまり、蘇鉄のような外来の植物は当時、権勢を示すアイテムのひとつだったということである。現在、蘇鉄の間の前に生えている蘇鉄は、いつ植えられたものかわからないが、すでに百五十年程度の樹齢には達しているという。

東アジアをのぞく海外とはほとんど縁がなさそうなイメージの二条城にして、これほどエキゾチックな側面を指摘できるのである。そういう目で二の丸御殿の障壁画を眺めると、また見え方が違ってくる。

たとえば、黒書院牡丹の間の「紅梅」、式台老中の間の「雪中柳鷺図」などは、あきら

二条城式台老中の間「雪中柳鷺図」（提供：京都市元離宮二条城事務所）

二条城遠侍勅使の間「檜図」（提供：京都市元離宮二条城事務所）

かに遠近法をもちいて木の幹や枝に立体感を出している。また、遠侍の北側の勅使の間を飾る「檜図」は、金地に描かれた檜の林が、奥のものを淡く描く空気遠近法に加え、画面に直交すると想定される平行線を消失点という一点に収束させる透視図法（線遠近法）をもちいて、奥行きを強調しているように見える。

十五世紀はじめのフィレンツェで、建築家で彫刻家のフィリッポ・ブルネッレスキが発見した透視図法。それがどういう経緯で日本の絵画に影響をあたえるにいたったか、実証するのは難しい。しかし、その影響がおよんでも不思議ではない環境に、当時の二条城が置かれていたことはまちがいない。

第7章　彦根城

古城から建物を寄せ集める欧米では不可能な日本の早業

戦闘に備えて築かれた華麗な城

国宝に指定されている彦根城の天守は、小ぶりだが非常に美しく、華麗だといってもいい。その美しさは複雑な意匠に拠っている。屋根の妻側の造形のことを「破風」というが、彦根城天守は三重の屋根のそれぞれが、ほかに例を見ないほど種々の破風でリズミカルに飾られている。

一重目の屋根には、三角形の「切妻破風」と「千鳥破風」(三角形の下方にも屋根面がある)、二重目には千鳥破風と、頭部が丸みを帯びた弓型の「唐破風」が。そして三重目も棟側に唐破風がしつらえてある。破風の総数は十八で、国内に現存する十二の天守のなかでは、五重の姫路城さえも超えもっとも多い。しかし、それぞれの破風は複雑に配されながらも絶妙にバランスされているため、過剰な印象はなく、洗練された美しさのほうが強調される。

また、蓮の花弁のような禅宗由来の「華頭窓」が、最上層のみならず二層目にも複数配されて、華やかさが添えられている。最上層の四隅に配された高欄(手すり)も、破風に邪魔されて一周できる廻縁にはなってはいないが装飾的だ。加えて、唐破風の木部を飾る金箔張りの金具をとおして、大藩の権威が誇示されているようにも見える。

華頭窓と多くの破風で飾られた彦根城天守

しかし、この装飾的で華やかな天守の外観に見入っていると忘れがちだが、じつは彦根城は、戦闘に備えるという重い使命を背負って築かれている。

この城は慶長五年（一六〇〇）の関ヶ原合戦後に築かれ、明治維新をむかえるまで徳川政権下における最大の譜代大名、井伊家の居城でありつづけた。しかし、築城を主導したのは井伊家ではなく幕府であり、さらにいえば徳川家康だった。

関ヶ原合戦では、東軍を率いた徳川家康は勝利したものの、その時点では盤石な政治基盤を築いているとは到底いえなかった。そもそも関ヶ原合戦とは、徳川対豊臣の戦いではなく、豊臣政権内における主導権争いであった。だから、戦後の論功行賞を行ったのは家康ではあるけれど、家康に同盟して東軍で戦ったにすぎない豊臣系の大名たちを、厚く遇するほかなかった。

戦後、西軍にくみした諸大名から没収された領地の総計は、全国の総石高の三分の一を上回る六百三十二万石余りで、藤野保氏によれば、その八割を超える五百二十万石余りが豊臣系の大名たちに再配分されたという（『新訂幕藩体制史の研究』）。その結果、豊臣系大名のほとんどは、中国、四国、九州を中心に、江戸からは遠方に配されたとはいえ、そのうちの多くが一国以上を領して国持大名といわれる大身に昇格した。そして彼らは、乱世がこれからも続くことを想定し、次々と堅固な城を築いた。

笠谷和比古氏らは、家康が西国などには譜代大名を要所にさえ配置せず、ほぼそっくり豊臣氏と豊臣系大名にゆだねたことから、慶長二十年（一六一五）の大坂夏の陣までは、徳川と豊臣の「二重公議体制」が敷かれていたと主張する。すなわち、豊臣家の政治的権威はそのままにして侵犯せず、徳川家による直接支配は事実上、京都より東にかぎる体制で当面は妥協していた、というのである。

家康がそこまで遠慮していたかどうかについては賛否両論があるが、いずれにせよ、豊臣家および西国の大名たちとのあいだに、軍事的緊張が継続されたことはまちがいない。慶長八年（一六〇三）二月、家康が征夷大将軍に任命されるなど、徳川家による政権運営の大義名分は次第に整えられていったものの、大坂と西国ににらみを利かせる必要性が減じることはなく、万が一の決戦への備えも、怠ることが許される状況ではなかった。

彦根城はこのような歴史的文脈のうえに築かれることになった。

工期を短縮するため

関ヶ原ののち、徳川四天王のひとりとして知られる井伊直政は、東軍の中心的存在として働いた功で、石田三成の所領だった近江国（滋賀県）佐和山十八万石をあたえられた。しかし、戦中に足に負った傷がもとで慶長七年（一六〇二）に没したため、幼少で病弱だった嫡男、直継があとを継いだ。その翌年二月、征夷大将軍に任命された直後の家康は、もとは自分の家臣であった家老の木俣守勝らに、直継の補佐と彦根山への築城を命じている。

佐和山の周囲には中世の東海道、東山道がとおる。つまり東国、北国へ通じる交通の要衝で、豊臣家をめぐる有事の際には、京および大坂の入り口という地の利からも、西上する徳川の部隊にとっては盾になり、江戸に向かう豊臣方の軍勢を食い止める最前線にもなる。とはいえ、標高二百三十三メートルの急峻な佐和山は、土地が狭く水利も悪いので、すでに直政のころから新たな土地への築城が検討されていた。

直政の没後、候補地を厳選したうえで木俣が家康に謁見し、佐和山の西方二キロメートルほどの位置にあって、琵琶湖の内湖に隣接しているため物資などの輸送の便がよく、東と南に平地が広がる標高五十メートルほどの彦根山が、戦略的にも有利である旨を説明。家康が受け入れたのである。

いったん築城地が決まると速かった。家康の命による天下普請として、慶長八年（一六〇三）中には工事がはじまったと考えられ、井伊美術館蔵の『木俣記録』によれば、大名二十八家、旗本九家が動員されたという。また工事開始から間もなく、まだ将軍に就任する前の徳川秀忠は、使者を遣わして炎天下の作業の労をねぎらっている。また、慶長十年

（一六〇五）には家康みずから、伏見から江戸へ帰る途中に普請の様子を見分している。

　こうしたエピソードは、大坂および西方の存在を考えたときに、徳川将軍家にとって彦根築城が戦略的拠点づくりとしてきわめて重要な案件だったことの、なによりの証である。それだけに工事も急がれ、急ピッチで進められた結果、慶長十二年（一六〇七）までにはおおむね完成したようだ。中堀と外堀は大坂夏の陣以降に、井伊家単独の工事によって整備されたものだが、彦根山を中心とした内郭と、その周囲をめぐる内堀は、三年前後でほぼ整ったことになる。

　そして、工期を短縮するために採られたのが、廃城となった佐和山城はもとより、周辺地域の古城や廃寺などからすでに加工されている木材や石材を運び込み、徹底して再利用するという手法だった。事実、『井伊年譜』にも「石垣ノ石櫓門マテ佐和山、大津、長浜、安土ノ古城ヨリ来ル」と書かれている。以下、彦根城を歩きながらそうした痕を確認し、このリサイクルの意味について考察したい。

　ちなみに、彦根城も明治十一年（一八七八）九月には解体が決まり、翌十月には天守に解体用の足場まで架けられた。しかし、そこに運命のめぐり合わせがあった。十月十一日、北陸巡幸を終えて京都に向かう明治天皇が彦根近郊に宿泊。その翌日、随行した大隈重信（おおくましげのぶ）が彦根城に立ち寄り、城が解体されるのを惜しいと思い、保存すべきだと天皇に奏上。天皇が同意して保存が決まったという。そのおかげで、われわれはいま天守以下の現存建築を愛でることができるのである。

石垣も門も櫓も天守もリサイクル

中堀の東面に開く佐和口門から登城しよう。ここには典型的な枡形門が構えられていたが、明治初年に解体された。向かって左側の佐和口多聞櫓(たもんやぐら)は、明和四年(一七六七)に焼失後に再建された建物が現存し、国の重要文化財に指定されているが、そもそも中堀が整えられたのは元和期以降、すなわち大坂の陣ののちである。したがって、工期を短縮するためのリサイクルとは関係ない。表門橋から内堀を渡ると、藩邸であり藩主の居所でもあった表御殿が、八割ほどが鉄筋コンクリートで(彦根城博物館となっている)、二割ほどは木造で復元されているが、ここ山麓に御殿が整えられたのも元和期以降になる。

石段を登っていくと、鐘の丸(左)と天秤(てんびん)櫓のあいだに架かる廊下橋の下をとおる。両側に石垣がそびえ立つこの通路は、尾根を断った巨大な堀切である。そして堀切の先端を左折し、城内で最初に完成したという鐘の丸に入る。その入り口である鐘の丸虎口の石垣は、修復の結果、近在では佐和山城跡にしかない青色系のチャート(堆積岩)や泥岩が多くもちいられていたことが判明している。文献資料で確認されていた佐和山から彦根への石材の移動が、考古学的にも説明可能になったということである。

そして鐘の丸からは、中央に門があり、両端に二重櫓があって天秤のような、その名も天秤櫓と向き合うことになる。ほかに例を見ない形状のこの櫓も重要文化財に指定されており、『井伊年譜』に「鐘ノ丸廊下橋、多聞櫓ハ長浜大手ノ門ノ由」と記されていることから、長浜城の大手門を移築したものだと考えられている。

天秤櫓をくぐって石段を登りつづけると、本丸の入り口に、やはり重要文化財の太鼓門と続櫓が構えられている。太鼓門は櫓門だが背面に外壁がなく、高欄のある渡り廊下になっていて、築城以前に山上にあった彦根寺の山門を移築したものと伝えられていた。しかし、昭和三十年代の解体修理をとおして、寺院の門であったことは否定され、規模が大きな城門を解体して持ち運び、小さく組み直したものと判明した。また、続櫓にも古材が使われていることが確認されている。どこの城から運ばれたものかわからないままだが、移築されたことは確実だという。

さて、本丸に建つのは冒頭で紹介した天守である。この三重三階の天守は、昭和三十二年（一九五七）から三十五年にかけて解体修理が行われ、その際に発見された建築材に書かれた「慶長十一年六月二日　大工喜兵衛」という墨書から、慶長十一年（一六〇六）のうちには完成したと考えられている。さらに、建物の部材の多くには、部材どうしをどう

長浜城大手門を移築したといわれる天秤櫓

太鼓門も移築されたことはまちがいない

組み合わせるかを示した番号や符号が記されているのが見つかり、元来は四重五階だった天守をほかの城から移築したものであることもわかった。

『井伊年譜』には「天守ハ京極家ノ大津城ノ殿守也、此殿守ハ遂ニ落不申目出度殿主ノ由、家康公上意ニ依て被移候由、棟梁浜野喜兵衛恰好仕直候テ建候由」とある。大津城は関ヶ原合戦のおり、東軍に属した京極高次(きょうごくたかつぐ)が立てこもって、ついには降伏するのだが、ぎりぎりまで西軍を食い止めた。そのとき天守はかろうじて戦禍をまぬかれたので、家康はこれを「めでたい天守」だとして、大津城の廃城後に彦根城への移築を指示した、というのである。ただし、棟梁が建物のかたちを変えた旨も付記されている。

彦根城の天守は一階から二階、そして三階への床面積の逓減率が低く、安定感のある姿をしている。元来は四重五階だった天守の上部をのぞいたことと関係があるのではないだろうか。

本丸の西側に開ける西の丸の北西端には、重要文化財の西の丸三重櫓が建つ。破風による装飾がまったくないこの端正な櫓は、東側と西側にそれぞれ続多聞櫓が付設され、全体でくの字形をしている。嘉永六年（一八五三）の大修理で部材の八割があたらしく入れ替えられているが、遺された部材は階段の床板や側柱などにほぞ穴痕が残っている。浅井長政(あざいながまさ)の小谷(おだに)城の天守を移築したという伝承があるが、それはほぼ否定されている。しかし、

彦根城天守は大津城からの移築とされる

西の丸三重櫓も移築された可能性はゼロではない

どこかの城から移築された可能性は、完全には否定されていない。

仮に彦根城のオリジナルだったとしても、移築されたという伝承があること自体、城内にリサイクル建築があふれていたことの証左である。

木造建築ならではの文化遺産の継承法

大坂の豊臣秀頼と、それを慕う西国の大名たちに備えて築かれた、彦根城の慶長期の城域は、このように現存する建築を見てまわっても、ほかの城などから移築されたものばかりである。それほど築城が急がれていたということだが、移築をすることで工期を著しく短縮できるのは、じつは木造建築ならではの特徴である。

石垣のリサイクルは、むしろ世界に普遍的な作業だといえよう。ヨーロッパでも当たり前に行われてきた。

たとえば、イタリアで起こったルネサンスは、古典古代のギリシャおよびローマの文化を復興し、再生しようという運動だったが、古典古代に倣って比例性や対称性を追い求めたルネサンスの建築家たちは、じつは古代遺跡の最大の破壊者でもあった。当時、ヨーロッパ各地に巨大な痕跡を残していた古代建築は、建築資材を得るための恰好の採石場になったのである。ローマのコロッセオ（円形闘技場）の外壁が大きく欠損しているのも、あ

大きく削られたローマのコロッセオの外壁

らたな建築の石材にもちいられたからだ、といえば伝わりやすいのではないだろうか。

ただし、石造建築は重いうえ、石材やレンガをモルタルで接着するのが一般的だから、採石はできても、建物自体をほかの場所に移すのは不可能に近い。移築された建築が日本に多いのは、それが木造建築固有の技術だからである。

現代の「在来工法」とよばれる木造住宅は、部材を釘で打ちつけているので誤解されがちだが、「伝統工法」の木造建築は金物を使わず、木材に継手や仕口とよばれる凹凸を加工して接合する。金物を使わずに木材を組み合わせているだけだから、解体するのも簡単で、他所に運んでふたたび組み上げることも難しくない。

ルイス・フロイスは『日本史』にこう書き記している。

「日本の大工はその仕事にきわめて巧妙で、身分ある（人の）大きい邸を造る場合には、しばしば見受けるように、必要に応じて個々に解体し、ある場所から他の場所へ運搬することができる。そのため、最初に木材を全部仕上げておき、三、四日間に組み立てて打ち上げることにしているので、一年がかりでもむつかしいと思われるような家を、突如としてある平地に造りあげてしまう。もとより彼らは木材の仕上げと配合に必要な時間をかけてはいるが、それをなし終えた後には、実に短期間に組立てと打上げを行うので、見た目には突然でき上ったように映ずるのである」

石づくり、およびレンガづくりの建築に囲まれてきたヨーロッパ人には、日本の伝統的な木組みの技法は、あたかも魔法のように映ったのだろう。現在、ヨーロッパの一部にも江戸東京たてもの園のような建築の野外博物館は存在するが、そこに集められているのは基本的に、木造で建てられた民家などである。

移築文化がない欧米では、建築物を移築保存することに違和感を覚えることもあるようだ。一九六四年、ヴェネツィアで開催された会議でオーセンシティ（真純性）の概念を整理した際、「場所が変わってはいけない」という項目が加えられ、ヴェネツィア憲章としてまとめられてしまった。つまり、移築された建築は文化財としてのオーセンシティに欠

ける と判断されたわけである。

また、建造物の解体修理も、木組みの技法で建てられているからこそ可能な、デリケートな木造建築を永らえさせるために欠かせない技術だが、いちど解体した建造物の文化財としての価値に対しても、欧米には疑問視する声があった。

しかし、鈴木博之氏は『保存原論』で、日本の木造建築においては、建物が移動しても文化的遺産としての由緒は継承されると考えられてきた旨を強調している。事実、このような日本的な継承のあり方も徐々に、国際的に受け入れられつつあるという。

こうしたリサイクルの文化と、それを可能にする木組みの技法がなければ、彦根城が工事の開始から二年余りでほぼ完成することなど、とても無理だっただろう。それに、彦根城のように多くの建物が移築されるのは、日本においては少しも特殊なことではない。

たとえば二条城の天守は、当初は慶長七年(一六〇二)、秀吉の弟の秀長が築いた大和郡山城から移築された。しかし、二条城が寛永三年(一六二六)、後水尾天皇の行幸を受けることになると、廃城が決まった伏見城からあらたに天守を移築。旧天守は、伏見城から天守をもらい受ける予定だった淀城に移築された。また、伏見城の遺構と伝えられる建造物は、京都はもとより全国にいくつも現存している。

移築が容易であったことは、築いた城を廃城にするのも容易だったということである。

移築して表御殿に戻された能舞台

豊臣秀吉は文禄四年（一五九五）、いったんは関白職を譲って後継の地位に置いていた甥の秀次に切腹を命じたのち、居城の聚楽第をあとかたもなく破壊した。しかし、建造物に関してはたんに破壊されたということではなく、多くの建てものは建材として再利用され、そのことがあらかじめ想定されていたと考えられる。明治の廃城令ののちも、移築が容易な城門などは、払い下げられたのちに寺院などに残っている場合が多い。いま高層ビルを解体すれば廃棄物の山になるだけだが、伝統工法で建てられた木造建築は、場所を移して再利用できたのである。

しかし、建造物の移築も再利用も容易だったばかりに、日本人には時間をかけて景観をつくり上げるという発想が育ちにくかったのではないだろうか。ヨーロッパのような景観の維持が日本では難しいことの一因も、そこにあると思われる。

ところで、復元された表御殿（彦根城博物館）の中央には現在、江戸城本丸の能舞台を模して寛政十二年（一八〇〇）に建てられた能舞台がある。明治十一年（一八七八）、表御殿が解体された際、護国神社に「移築」されたが、表御殿の復元にともない、ふたたびもとの場所に「移築」されたものである。

第8章 名古屋城

復元された本丸御殿の金碧障壁画に見えるもの

戦災で焼失も精密な復元が可能だった

「尾張名古屋は城でもつ」と、伊達に詠われたわけではない。名古屋城は多くの点で、将軍家の居城である江戸城に次ぐ水準を誇った。その中枢が戦前まで残されていたのに、昭和二十年（一九四五）五月十四日、B29爆撃機の焼夷弾攻撃を受け、失われたことが惜しまれてならない。

日本の城ではじめて国宝に指定されたのも名古屋城だったが、そこにいたるまでの道のりは平坦ではなかった。姫路城の章でも記したけれども、明治維新後、日本の城は例外なく受難の道を歩む。明治四年（一八七一）の廃藩置県後、全国の城は接収されて兵部省の管轄下に置かれ、二年後の同六年には「全国城郭存廃ノ処分並兵営地等撰定方」、いわゆる「廃城令」が発布された。維新をむかえた時点で、日本には陣屋をのぞいても百九十を超える城が存在したが、「廃城令」で「存城」とされた城はわずか四分の一ほど。ほかは「廃城」と決まり、破却の対象になってしまったのである。

しかも「存城」についても、軍用地としての価値が認められただけで、文化的価値は顧みられなかった。このため、「存城」となった名古屋城においても、藩邸であった二の丸御殿などは廃城令とともに壊されてしまったのだが、本丸内の建造物は、延べ床面積では

よみがえった名古屋城本丸御殿と、奥に大小天守

江戸城天守を超える規模を誇った天守や、二条城二の丸御殿とならんで近世城郭御殿建築の最高傑作と謳われた本丸御殿を中心に、隅櫓や門など多くが残された。幸い、保存を求める声も次第に高まって、明治十二年（一八七九）には、陸軍省、内務省、大蔵省が永久保存を決定。昭和五年（一九三〇）、大天守、小天守、本丸御殿など二十四棟が国宝に指定された。

ところが、空襲で天守、御殿をはじめ、その多くが全焼してしまったのである。

戦後、名古屋復興の象徴として、大天守と小天守は昭和三十四年（一九五九）、焼失前の外観はおおむねそのままに、鉄筋コンクリート造で曲がりなりにも再建された。一方、本丸御殿の跡地は長いあいだ、礎石がむなしくならぶだけで、訪れるたびに胸が締めつけられる思いがしたものだ。

ようやく復元工事がはじまったのは、平成二十一年（二〇〇九）のこと。藩主の生活空間で、家臣との対面の場、そして藩政の庁舎でもあった御殿こそが、近世城郭の実質的な中枢だったが、床面積が広大だっただけに、撤去すれば軍用施設などをしつらえるのに都合がいい敷地が確保できた。このため、廃城令とともに、残される城においてもほとんどが破却されてしまった。それだけに、平成三十年（二〇一八）に復元整備が整ったことには価値がある。

ありし日の名古屋城本丸御殿は、狩野派による絢爛豪華な障壁画で飾られていた。それらのうち襖絵や天井画など取り外せるものは、空襲の二カ月ほど前から城内の倉庫などに疎開させてあったのが不幸中の幸いで、千四十九面が焼失を免れた。また、昭和七年（一九三二）ごろから建造物の実測調査がはじめられ、同十五年には建造物と障壁画が写真撮影され、七百枚を超えるガラス乾板に保存されていた。これらも焼けずに済んだため、建物本体から障壁画や建具にいたるまで、精密な復元が可能になったのである。

写真や実測図が豊富な点は、金鯱（きんしゃち）が名高く、史上最大級の規模だった天守も同様だ。鉄筋コンクリート造の現天守が耐震面で問題を抱えるのを受け、木造復元の準備が進められている。

よみがえった本丸御殿を通じて、江戸時代初期の絢爛たる城郭御殿建築の粋を味わうだけでも、名古屋城を訪れる価値はある。だが、御殿を鑑賞する前に、名古屋城のなりたちを押さえておきたい。

二十の大名、二十万の人夫による築城

名古屋城の築城工事がはじまったのは慶長十五年（一六一〇）のこと。関ヶ原合戦から十年後に新造された、比較的「あたらしい」城で、命じたのは徳川家康である。家康みずから名古屋の地を選んで、大規模な城郭を築こうとしたのには、もちろんわけがある。

もとより尾張国は、東国と畿内を結ぶ枢要の地だが、その中心都市は、長いあいだ清洲（きよす）だった。関ヶ原合戦ののち、豊臣恩顧の大名の代表格であった福島正則（ふくしままさのり）を清洲から広島に移封し、四男の松平忠吉（ただよし）を五十二万石の大禄で清洲に置いたことからも、家康がいかに尾張を重視していたかがわかる。

ところが、忠吉は慶長十二年（一六〇七）に早世してしまう。そこで家康は、当時はまだ八歳だった九男の義直（よしなお）を清洲城主に指名し、二年後に入城させた。ところが、すぐに清洲を廃城にし、織田信長が幼少期をすごしたことで知られる那古屋（なごや）城の旧地に、あらたに築城する決意をするのである。

家康の頭にあったのは、大坂の豊臣秀頼の存在だった。それまでは江戸と大坂に権力が居ならぶ、いわば二重公議体制をそれなりに容認していた家康も、次第に自身の死後のことを考えるようになったようだ。豊臣を牽制するために、そして万一、豊臣方が江戸を攻める事態になったときのためにも、尾張をかためる必要があった。

この時点で家康はすでに、大坂を包囲する地に彦根城や丹波篠山城などのあたらしい城を、諸大名に助役を命ずる天下普請で築かせていた。では、尾張はどうするか。清洲城は、城内を五条川が縦断しているために拡張工事が困難で、東海道から離れていることも防衛上の弱点だ、というのが家康の判断だったようだ。

こうして、北と西を湿地に囲まれた名古屋台地の西北端が選ばれると、西国を中心とする二十の大名に助役が命ぜられた。そして、二十万人もの人夫が動員された結果、工事がはじまった慶長十五年のうちには、石垣がほぼ積み終えられた。慶長十七年末には大小の天守が完成し、本丸御殿も同二十年までに竣工している。また、この天下普請を通じて、工事を担当した大名たちに、名古屋城は大坂城を上回る堅固な大城郭だと知らしめることにも、家康は成功したと考えられる。

将軍の宿所に狩野派が描いた絢爛たる障壁画

名古屋城本丸御殿車寄

ところが城主の義直は、いったんは本丸御殿に入りながら、元和六年（一六二〇）に二の丸御殿が完成するとそちらに移り、以後、尾張藩邸および藩主の住居は二の丸御殿と定められた。そのことは、名古屋城の特殊な性質と関係している。

この城は将軍が江戸から畿内に向かう際の宿所でもあったのだ。実際、家康自身、大坂冬の陣に向けて駿府城を発ったのち、名古屋城で陣容を整えている。その後も、寛永三年（一六二六）には、二代目の将軍職を譲って大御所とよばれていた秀忠が上洛前に宿泊。寛永十一年には三代将軍家光が、やはり上洛途上に泊まっている。そういうときに寝泊まりする場所が、本丸御殿に定められたのである。

家光が訪れる前には、大きな改修が加えられた。玄関から対面所までは慶長年間の建築が残され、そこから西側に、あらたに御成書院（近代以降は上洛殿とよばれている）や、入浴施設である湯殿書院、黒木書院などが、雁行するように増築された。

その後、本丸御殿は享保十三年（一七二八）に、葺き替え費用がかさむ柿葺（木の薄板を幾重にも重ねる屋根葺き）の屋根を桟瓦葺に、入母屋破風の妻面も、高級だが傷みやすい木連れ格子だったのが、漆喰の塗籠に改修された。

空襲で焼けたとき、本丸御殿はこの享保の改修が加えられた姿だったが、復元でよみがえったのは、創建当初の姿である。

再現されたのは木造の建物だけではない。焼失した障壁画がすべて精密に復元されたのはもちろんのこと、焼失を免れた千四十九面（そのうち千四十七面が重要文化財に指定されている）も、すべて復元模写され、本丸御殿内を鮮やかに飾っている。慶長年間の創建時の建物を飾っていた障壁画には、家康の意向が強く反映され、寛永年間に増築された部分の装飾は、すでに不動の権力を確立していた徳川将軍への敬意が示されている。

いずれにせよ、権力の中枢を占める建物に描かれた画材や、描き方のスタイルには、その当時の権力のあり方や権力者の嗜好だけでなく、日本人の発想やものの考え方の特徴まであらわれているように思う。そのことを確認するために、狩野派の手になる障壁画を

「竹林豹虎図」

具体的にチェックしてみたい。

まず、玄関を入ると「竹林豹虎図」が出むかえる。金地に描かれた竹林を背に、鋭い目を向ける虎と豹は、安土城天主の障壁画を描いた狩野永徳の末弟、狩野長信の作で、輸入された豹と虎の毛皮をもとに描かれたようだ。豹と虎が一緒に描かれているのは、当時は豹とは虎のメスだと思われていたためである。これらの絵には、訪れた人を玄関で威圧するという意味があった。また、虎は麒麟などと同様に霊獣と考えられており、建物のそれより奥を守ってもらうというねらいもあった。

玄関に続くのは表向きの広間である表書院で、その壁面は花鳥や花木が画題に選ばれ、季節の移り変わりが表現されている。そして表書院三の間には麝香猫が描かれ、絵に緊張感が加えら

表書院に描かれた麝香猫

れている。永徳の孫、狩野貞信（さだのぶ）が弱冠十九歳で描いたという。その奥の対面所は、主に京都の風景を描いた風俗画で飾られている。

その先は約二十年後、家光の宿泊前に増築された建築である。創建当初からの御殿は、長押（なげし）の上の小壁は白漆喰のままで装飾がなかったが、こちらは天井に続く小壁までが金地の障壁画で飾られている。また、釘隠しもいっそう重厚かつ華美になり、日光東照宮を思わせる極彩色の欄間彫刻も見事である。

この「上洛殿」は、尾張徳川家が将軍への忠誠の意を示す目的で建てたものだ。そして上段の間と一の間に描かれたのは、二条城二の丸御殿の障壁画制作を指揮した狩野探幽（たんゆう）による「帝鑑図」。中国の皇帝たちの、鑑になるべき善政が画題で、もちろん、将軍の善政と重ねられて

「帝鑑図」が描かれた上洛殿上段の間と一の間

いる。また二の間は、文人が修得すべき四つの芸を描いた「琴棋書画図」で飾られている。

その先の黒木書院は、私的な生活空間なのでそれらしく、中国の瀟湘地方の八つの景観を描いた「瀟湘八景図」が、水墨とわずかな彩色で描かれている。湯殿書院も、川面に扇が流れる「扇面流図」など、くつろぐのにふさわしい画題が選ばれている。

ヴェネツィア共和国の宮殿との違い

安土城の章で、私は次のような問題提起をした。ヨーロッパの主要な宮殿の内部が華麗な絵画で飾られていることを、織田信長は宣教師たちから聞かされていたのではないか。そのことは、信長が天主や御殿をすみずみまで金碧障壁画で飾ろうと考える、ひとつのきっかけになっ

ティントレットによる「平和と正義の女神」

たのではないか――。そうであれば、名古屋城本丸御殿をはじめとする城郭御殿も、その流れを汲んでいることになる。現に、虎や豹、麝香猫、孔雀（くじゃく）などが好んで描かれたという点にも、見知らぬ「南蛮」への憧憬が感じられる。

しかし、画題の選ばれ方については、西洋の宮殿とのあいだに決定的な違いがある。

試みにヴェネツィア共和国の政庁で、総督の住居でもあった「ドゥカーレ（総督の）宮殿」とくらべてみたい。十五世紀のはじめに、ほぼ現在の姿になったこの宮殿の壁面や天井は、金の縁どりで飾られた極彩色の絵画で埋めつくされている。その点では、名古屋城本丸御殿の内部と通じ合う。

しかしながら、選ばれた画題は大きく異なる。入り口ホールのヤコポ・ティントレット作「平

「信仰の女神の前にひざまずく総督」

和と正義の女神」は、平和の女神とヴェネツィアの守護聖人である聖マルコ、ヴェネツィアの象徴であるライオンに見守られた総督が、正義の女神から剣を受け取る絵である。続く「四つの扉の間」は、やはりティントレットの「アドリア海征服にヴェネツィアを導くジュピター」や「信仰の女神の前にひざまずく総督」など。総督との会見に訪れた人の「謁見控えの間」の天井は、パオロ・ヴェロネーゼの「恵みを施すヴェネツィア」で飾られる。

すべて紹介するとキリがないので、最後に一五七七年の火災後に再建された、宮殿最大の部屋である「大評議会の間」をのぞきたい。総督の席の背後、日本の城の御殿でいえば上段の間の背面には、ティントレットによる巨大な「天国」が描かれている。中央で聖母マリアがキリ

「謁見控えの間」天井

「大評議会の間」の壁を飾る「天国」（奥）

ストから戴冠されているのは、ヴェネツィア共和国の平和と安全の象徴である。

このように、ほとんどすべての絵がヴェネツィア共和国の栄光を描いている。また、名古屋城本丸御殿の障壁画の画題とそれ以上に異なるのは、共和国の栄光を支えるものの存在だ。すなわち神である。

キリスト教の教えでは、この世のすべてのものは神の被造物だが、そのなかで人間だけは一段高い位置に置かれている。その人間は、神が人間のために創造したほかの被造物を支配し、十分に利用してこそ、神の意思に応えることになり、そのように神意に応えつづけてはじめて、最後の審判の日に永遠の生命をあたえられると考えられてきた。

つまり、ドゥカーレ宮殿の壁や天井に描かれた数々の絵は、次のようなメッセージを伝えていることになる。ヴェネツィアは神の意思に応えるべく、がんばって自然を支配し、共和国を統治している。そのうえ、さらなる勢力拡大をめざして尽力している。それゆえに、神からいまの繁栄を許されているのだ――。そのような想定にもとづく絵画が、共和国の統合の象徴のように飾られているのである。

一方、名古屋城本丸御殿に描かれているのは、花鳥や動物、ある地域の遠景など自然そのもので、善政の象徴として描かれる人物も、自然のなかに配置されている。そこに、ヴェネツィアの絵に欠けることなく登場する、人間や自然を超越した絶対的なものの存在は感じられない。もっとも、「八百万の神」という言葉が象徴するように、日本では森羅万象に神が発現する。

日本思想史を専門とする佐藤弘夫氏は、「超越性の追求が、キリスト教やイスラム教にみられるような人間とカミとの隔絶という方向にではなく、万物への聖性の内在という方向へ進むところに、日本列島の神観念の特色があった」と記す（『日本人と神』）。じつは、日本の御殿建築の障壁画に描かれた自然の風物もまた、聖性を内在させた一種の神で、御殿をこうした絵画で飾った支配層には、そのような意識があったのかもしれない。

ただし、常に人間と向き合い、その行動を糺そうとするキリスト教の神と、人間にやさしく寄り添い、現世の願いを叶えてくれようとする神、すなわち仏をふくめての「カミ」とのあいだには、大きな隔たりがある。

ドゥカーレ宮殿が存在する広場には、ヴェネツィアの守護聖人の名を冠した聖マルコ寺院が、圧倒的な存在感を放っている。対して名古屋では、城下町の南と東南入り口の街道沿いに開設された二つの寺町に、寺院はまとめて配置され、有事の際に都市と城を守る役割を課されていた。いつも傍らに存在し、権力に対して神の意思に従うように圧力をあたえつづけるヴェネツィアの神と、地勢的にも権力を守るために利用される名古屋のカミ。後者は権力にあたえるプレッシャーの度合いが、比較にならないほど弱いといえよう。

そのことは、日本の幕藩体制が高圧的な神を強くこばんだ理由にもつながる。幕府は信者に強い圧力をかける神を嫌い、二百年を超える長期にわたって国を事実上、閉ざしたままにしてまで、キリスト教の流入を避けようとしたのであった。

復元された名古屋城本丸御殿は、そんなことまで考えさせてくれる。

第9章 江戸城

焼けても同じプランで建てつづけた日本の特殊事情

規模も火災もスケールが違う

二百六十余年にわたる太平の世をつくり上げた徳川将軍家の居城、江戸城のスケールは、ほかの城とは比較にならないほど大きい。内郭は周囲約七・八五キロメートルで面積が約四百二十五ヘクタール。外郭は周囲約十五・七キロメートルで、その内側の面積は約二千八十二ヘクタール。姫路城の内郭が約二十三ヘクタールで、外郭の内側が約二百三十三ヘクタールだったと記すことで、その途方もない規模が伝わるだろう。浅草橋、御茶ノ水、水道橋、飯田橋、市ヶ谷、四谷、赤坂見附、虎ノ門……と、外堀沿いの地名をならべただけで、かなりの遠隔地どうしが江戸城の外堀で結ばれていることに気づくに違いない。

この巨大な城は主に天下普請によって築かれた。徳川家康は天正十八年（一五九〇）に江戸に入府すると江戸城の整備に着手したが、当時の家康はまだ豊臣政権下の一大名にすぎなかったので、それは遠慮がちに行われた。しかし、慶長五年（一六〇〇）に関ヶ原合戦に勝利し、同八年（一六〇三）に征夷大将軍に任ぜられると一転、江戸城を拡張して整備する工事を全国の大名に命じた。そして、大きく分けて五期にわたる工事をへて、三代将軍家光の時代である寛永十四年（一六三七）までに、本丸、二の丸、三の丸、西の丸、北の丸などで構成される内郭、および外郭までがいちおうの完成を見ている。

ところが、明暦三年（一六五七）正月、壮麗な江戸城はほぼ灰燼に帰してしまう。一月十八日朝、本郷丸山の本妙寺から出たとされる火は、折からの強風にあおられて江戸市中を北から南へ焼き払っていった。いったん収まったかに見えたが、翌日、小石川からも出火。それが江戸城中にも燃え広がり、本丸、二の丸、三の丸が焼失。天守も本丸御殿も焼け落ちてしまった。また、その日の午後には六番町からも出火している。結局、江戸の六割以上が焼失し、江戸城のほか大名屋敷が五百余り、旗本屋敷七百七十あまり、神社仏閣三百五十余り、町屋四百町が失われた。

しかし、復興は速かった。そして、それまでは内郭の吹上にならんでいた徳川御三家の上屋敷を郭外に移したのをはじめ、大名屋敷や武家屋敷、寺社を移転させ、海浜のあらたな埋め立てによって武家地や町人地を確保しながら、各地に延焼を防ぐための火除地や広小路をもうけるなど、防災を意識した都市建設が進められた。

それでも、「火事と喧嘩は江戸の華」という言葉が残るように、その後も江戸は、世界史上ほかに類例がないほど火事を繰り返した。関ヶ原合戦後から慶応三年（一八六七）までの二百六十余年のあいだに、大火だけでも九十件は発生したといわれる。とくに火事が多かったのは狭隘な建物が密集していた町人地で、江戸芝居三座のひとつに数えられた葺屋町（ふきやちょう）の市村座にいたっては、明暦の大火以降、幕末までに三十三回も全焼したという。

江戸城天守台から本丸御殿の跡を望む

どう考えても異常な数字である。

それにくらべれば少ないとはいえ、幕府の中枢であった本丸御殿は五回も焼失を重ねている。その記録をたどりながら、江戸城の特殊性について考えたい。

火災に対するハードルが低かった日本

将軍の居所で政庁でもあった本丸御殿は、南から北に向かって表、中奥、大奥の三つに分かれていた。表は将軍が公的な儀式や行事をとり行う場所で、役人たちの執務の場でもあった。なかでも東西約五十メートルの規模を誇った大広間は、将軍の謁見などが行われるもっとも格式の高い殿舎で、白書院、黒書院がそれに次いだ。続く中奥は将軍が日常生活を送る場所で、ここで執務もなされた。そして大奥は、将軍の夫人や女中らが暮らす場で、面積は本丸御殿内でいちばん広く、中奥とは御鈴廊下だけで結ばれていた。

最初の本丸御殿は慶長十一年（一六〇六）九月に竣工し、次に本丸の拡張に合わせて元和八年（一六二二）十一月、二代目の御殿が竣工している。南北約四百メートル、東西約百二十〜二百二十メートルの本丸の敷地内に、百三十あまりもの建物が表、中奥、大奥に分かれてすきなく建つ基本プランは、この二代目でできた上がったと考えられる。続く三代目は寛永十四年（一六三七）九月に竣工し、あまりの豪華絢爛ぶりに三代将軍家光が文句をいい、改築された。しかし、二年後の同十六年八月に焼失してしまう。本丸御殿が焼失したはじめての記録である。

すぐにもとどおりの規模、形状で再建され、同十七年四月に竣工した四代目は「御本丸惣絵図」（大熊喜英氏所蔵）などの平面図が残っている。ところが、この御殿を襲ったのが明暦三年の大火だった。天守をはじめ多くの建物とともに焼失後、万治二年（一六五九）八月に竣工した五代目は、絵図や建地割図などが「甲良家史料」として残っている。それによると、四代目にはなかった舞台が中奥に見られるなど若干の差違はあるが、プランも形状も基本的に踏襲されている。

この五代目御殿は、その後に発生した元禄十六年（一七〇三）の大地震なども乗り越え

火災の痕が痛々しい本丸御殿正門、中雀門の石垣

て長く命脈を保ったが、結局は、天保十五年（一八四四）五月に本丸御殿内から出火して焼失。ただちに再建され、翌弘化二年（一八四五）二月に六代目が竣工するも、安政六年（一八五九）十月に焼けてしまい、ほぼもとどおりに再建して万延元年（一八六〇）十一月に七代目が竣工した。しかし、この御殿も建てられてわずか三年後の文久三年（一八六三）十一月に全焼すると、すでに幕府の財政が窮乏していたため、その後、本丸御殿がふたたび建つことはなかった。

ちなみに、焼失を繰り返したのは本丸御殿だけではない。幕末までに二の丸御殿も西の丸御殿も、それぞれ四回ずつ焼け落ちている。

江戸の火事の原因は、失火はもちろんのこと、放火も少なくなかったと考えられている。いわゆる火事場泥棒をねらったものもあったようだし、大火のたびに建設ラッシュで職人の求人が増え、賃金も高騰したことが記録されており、それも放火の動機になった可能性がある。また、幕末になるほど城内の火災が増えたのは、確たる証拠はないにせよ、幕府の弱体化や討幕運動とかかわりがあるということが取り沙汰されてきた。

火事が多かった背景には、火災を起こしてはいけないという意識の低さも挙げられるだろう。日本の木造建築が火災に弱いのは周知のとおりだが、焼けやすい環境に囲まれていたからか、日本では歴史的に、火災に対して心理的なハードルが高かったとはいえない。

火災が戦略的に引き起こされた例も多い。東大寺や興福寺など南都（奈良）の寺院を焼きつくした平重衡（たいらのしげひら）の焼き討ちや、織田信長による比叡山延暦寺（ひえいざんえんりゃくじ）の焼き討ちなどが思い起こされる。また、城攻めなどの際にも敵を攻めやすくするために、当たり前のように周囲の村落や城下町が焼かれた。羽柴秀吉に追い詰められた柴田勝家が、越前北ノ庄（きたのしょう）城の天守に火をかけて自害したように、敗れた側がみずからの城や住居に火をかけることも珍しくなかった。

福田千鶴氏は『城割の作法』で、戦国の城をめぐる習俗として、次のようなことを挙げている。城を乗っとった勝者が敵対者の怨念を封じるために城を「わる（壊す）」必要があったこと。敗者にとっては、自分が捨て置いた城を他者が壊すことになるのは残念だから放火すること。そして、末代までも恥辱にならないために城に火をかけて自害すること。江戸城の火災と直接結びつく話ではないが、燃えやすい建物に囲まれていた日本人にとって、火災や放火は作法や習俗に取り入れられるほど身近であり、時にはポジティブに起こすべき事柄であったことがわかる。

一方、ヨーロッパでは、あたらしい領主が旧領主の居城や宮殿をそのまま使い、必要に応じて改築を重ねるのがふつうで、習俗としての放火など存在しなかった。ヨーロッパでは宗教建築にせよ、世俗建築にせよ、できるだけ長く使いつづけるべきものだったが、こと世俗建築に関し、日本にはその発想が希薄だった。建物が火につつまれることへの抵抗感もまた、ヨーロッパにくらべれば希薄だったように感じられる。

二百二十年たっても同じプラン

火災への抵抗感が弱かったのは、再建のしやすさとも関係するのではないだろうか。彦根城の章で触れたが、日本の伝統工法による木造住宅は、木材に凹凸を加工し、釘を使わず組み合わせて建てられてきた。このためルイス・フロイスも、木材さえ加工し終えていればあっという間に建物が建ってしまうと驚愕している。レンガや石を積み重ねるヨーロッパの建築にくらべ工期がはるかに短く、比較的簡単に再建できる以上、防災意識がおのずと低くなっても不思議ではない。

事実、百三十を超える建物からなり、床面積が一万坪を超える巨大な建築だった江戸城の本丸御殿が、焼失後にわずかの期間で再建された事実には驚かされる。三代目の御殿が火災に遭うと、八ヵ月後には四代目が竣工し、五代目が焼けると、六代目はその九ヵ月後に完成している。

さらに驚かされるのが、焼失するたびにほぼ同じプランによる同じ規模、同じ形状で再建されてきたことである。そのことからは別の問題も見てとれる。幕末の万延期（一八六〇年代）に建てられた最後の本丸御殿が、二百年以上もさかのぼる寛永期（一六三〇年代）のものと、プランも形状もほとんど一緒なのである。これだけの時をへていながら様式も、規模も、耐火性能も、ほとんど変えずに建てられたという類例は、世界にもあまりないのではないだろうか。

ここで明暦の大火を、その九年後の一六六六年に起き、ともに「世界三大大火」のひとつに挙げられることがあるロンドン大火と比較してみたい。パン屋のかまどから出火したという火は、風にあおられ四日にわたって延焼し、市壁内の八割以上が焦土と化し、一万三千戸が焼失したというロンドンの大火。当時のロンドンの家屋はほとんどが木造二階建てで、道路も狭かったため、燃え広がる条件がそろっていたのである。

しかし、明暦の大火が一説によれば十万人以上の犠牲者を出したのに対し、ロンドン大火による死者は数名にすぎなかったという。また、火災の翌年には再建法が制定され、木造建築は禁止され、家屋はレンガ造か石造でなければ認められないことになった。

このとき建築総監に任命された建築家クリストファー・レンは、バロック様式による大がかりな都市再建計画を提案。現実には大規模な都市改変は実現しなかったが、拡幅された道路に沿ってレンガ建築がならぶ近代都市へと、ロンドンは生まれ変わった。また、焼失したセント・ポール大聖堂が以前のゴシック様式をあらため、三十五年をかけて壮麗なバロックのスタイルで再生したように、新築された建てものにはあたらしい様式が採用された。

何度焼けても愚直に同じものを建てつづけるという姿勢は、世界史的な視点から眺めるとあきらかに異常である。諸大名が居城を修復する際も、武家諸法度によって原則、旧状の回復しか認められなかったとはいえ、江戸城は天下人の城である。それでも御殿にかぎらず櫓も、城門も、再建に際して様式が変更されることはなかった。

寛永から万延までの二百二十年ほどは、鎖国という特殊な体制が続いた期間と重なる。世界と接触することを、政権を維持するうえでのリスクととらえて国を閉じた結果、幕藩

伏見城からの移築説もある伏見櫓

体制下での平和は続いたが、ある点で人間の営み、とりわけ為政者の営みが、きわめてルーティーンに堕したとはいえないだろうか。時代の様相が更新されなくなり、ある時点において先端的だったスタイルが塩漬けになって継承されていった様子が、江戸城本丸御殿に見てとれる。

最先端を塩漬けにした結果

江戸城も寛永期に外郭をふくめて完成した当時は、技術や様式の先端を取り入れて築かれた最新鋭の城だった。近世城郭に多くの人がいだく、高石垣のうえに建つ白亜の天守や櫓、広大な水堀というイメージは、そのまま江戸城の景観である。その姿はいまも富士見櫓や伏見櫓、巽(たつみ)櫓など現存する櫓や、外桜田門をはじめとする門にしのぶことができる。

織田信長の安土城を嚆矢とし、短い年月に急速に整った築城技術について、ここで触れる余裕はない。しかし、あの時代、大陸征服の野望もふくめて世界のなかの日本を意識していた信長や秀吉、そして家康が、ヨーロッパ人が見ても感嘆するほどの城を築きたいと考えていたことは、容易に想像がつく。そうして行きついた先のひとつが江戸城の天守だった。

この城の天守は三回建てられている。慶長十二年（一六〇七）に家康が建てた最初の天守は、秀忠が本丸を拡張した際に解体され、元和八年（一六二二）に本丸北方に位置を変えて建て替えられた。そして寛永十四年（一六三七）、家光はその天守を壊し、同じ位置にあたらしい天守を建てた。

この寛永期の天守は外観五重、内部五階で高さ約四十四・八メートル。高さが十四メートル近い天守台上にそびえ、総計五十八メートル余りにもおよんだ。初重から規則的に床面積を小さくしながら五重まで積み上げた層塔型で、屋根には銅瓦が葺かれ、壁面は内法長押から下には耐火性に配慮して黒色加工をした銅板が貼られ、その上は垂木まで白漆喰で塗り籠められていた。また、軒平瓦や軒丸瓦には金箔が貼られ、鯱や破風飾りにも金がほどこされていたようだ。

家光が建てた江戸城３代目天守の復元模型

石と木材と金属のハイブリッドで木部はまったく見えず、その規模も、絢爛豪華さも、耐火性能も、諸大名はもとより外国人も一目置いたに違いないこの建築は、杉田玄白の『後見草』が記すには、明暦三年一月十九日午後、「御本丸へ吹来る火粉雨のことし、御天守二重目の銅窓の戸内より開き、是より火先吹込」。つまり、開いた窓から入った火の粉が原因であっけなく全焼してしまう。以後、江戸城に天守が再建されることはなかった。

フレデリック・クレインス著

天守焼失後、代用天守とされた江戸城富士見櫓

『オランダ商館長が見た江戸の災害』によれば、長崎オランダ商館の商館長だったザハリアス・ワーヘナールは、明暦の大火による江戸城の被害について「城壁に囲まれたヨーロッパのもっとも大きい都市に匹敵する、この素晴らしい城が我々の眺めている火によって壊滅した」と記している。

家康はスペインとの交易を検討していた慶長十七年（一六一二）当時、外交顧問のウィリアム・アダムスらがスペインの侵略欲について警告した際、「スペインが国を挙げて攻めてきても十分に国を守ることができるので恐れる必要はない」と答えている。それは日本の軍事力が世界に通じると確信していた家康の、偽りのない実感だったと思われる。そして、ワーヘナールが眺めていたころまでの江戸城にも、ヨーロッパ人の足がすくむほどの力がみなぎっていたと考えられる。

だが、江戸城は結局、日本の弱点である火災に翻弄される。さらには国を閉じてからというもの、焼けて再建するにも、スタイルや性能を更新するにあたって倣うべき模範が存在しなかった。こうして過去の最先端の再生産を繰り返しているうちに、欧米とのあいだで国力に天と地ほどの差が開いてしまった。

ヨーロッパの城や宮殿は、いつごろ建てられ、増築または修復されたのか、建築様式からおおむね判断できるが、二百年以上にわたって様式の変化が見られなかった江戸城では、見当がつかない。何度も火災に見舞われながら姿を変えなかった江戸城は、鎖国という壮大な塩漬け実験の記録でもある。

第10章 島原城と原城

世界に開かれた窓を閉ざす契機となった島原の乱の舞台

九州の大名を牽制しキリシタンを取り締まる城

島原城はその名が物語るように、日本史上最大規模の一揆で、徳川幕府を震撼させた島原の乱が起きる大きな原因となった城である。また、鎖国という日本の大きな転機をむかえる前と後をともに象徴しているという点でも特異な存在だ。

肥前国（長崎県）の島原周辺は、もともとは近隣の大名とともに天正遣欧少年使節を派遣したキリシタン大名、有馬晴信が治めていた。晴信の本城は、のちに島原の乱で一揆勢が立てこもる原城からほど近い日野江城で、天正十五年（一五八七）に豊臣秀吉が伴天連追放令を発布し、宣教師の国外追放を命じるまで、領内には何万人ものキリシタンがいた。いや、その後も晴信は信仰を守ってキリスト教への特別な配慮を続けたので、この地域のキリシタンは減らず、江戸幕府が禁教政策を進めたのちは潜伏キリシタンも多かった。

晴信はその後、慶長十七年（一六一二）に、のちに述べる贈賄事件に巻き込まれて死罪となるが、父との関係がよくなかった嫡男の直純は、所領を安堵されて日野江城にとどまった。そして父の政策を転換し、イエズス会に領内からの退去を命じるなど禁教に舵を切るが、慶長十九年（一六一四）、日向国（宮崎県）延岡に転封になる。それから二年、日野江四万三千石の領主になったのが、大和国（奈良県）五条から移ってきた松倉重政だった。

重政は中世以来の日野江城は手狭で不便だと判断し、入封して二年後に島原城を築きはじめ、寛永元年（一六二四）に完成させている。この時期、すでに武家諸法度によってあらたな築城は禁じられていたが、重政にそれが許されたのにはわけがあった。関ヶ原合戦でも大坂夏の陣でも戦功があり、幕府の覚えがめでたかった重政には、九州の外様大名を牽制する役目、さらにはキリシタンを取り締まるという役割があたえられたのである。

完成した島原城は、南から北へ本丸、二の丸、三の丸とならぶ連郭式の城で、複雑な縄張りではない代わりに、横矢をかけられる（側面から攻撃できる）ように方々を折り曲げた累々たる高石垣と、広大な堀で囲まれていた。いまも本丸と二の丸の外周にめぐらされた石垣と堀は、一部を除いて原型をとどめており、それを見るだけでも、五万石にも満たない大名が築いた城には到底見えない。

ほんとうは下見板が張られていた天守

しかも、島原城の壮大な石垣上には五重の天守のほか、三棟の三重櫓、九棟の二重櫓、さらに三十三棟もの平櫓（平屋建ての櫓）が建っていたという。

それらの建造物は明治維新をむかえたのち、明治九年（一八七六）までに民間に払い下げになり、破却されてしまった。しかし、昭和三十五年（一九六〇）に三重の西櫓が復興

わずか４万石の城とは到底思えない壮大な島原城

されたのを皮切りに、昭和三十九年に天守が、同四十七年に三重の巽（たつみ）櫓（やぐら）が、そして同五十五年にやはり三重の丑寅櫓（うしとらやぐら）と長塀が、いずれも鉄筋コンクリートで復興され、かつての威容を取り戻している。

　もっとも、幕末から明治にかけての古写真や、建造物についての詳細な図面、ひな形などが残っていたわけではない。だから復興に際しては、一部の絵図を参考に想像で補わざるをえなかった。

　いま建っている五重の復興天守は、外壁が白漆喰の総塗籠で、一重目の下半分には平瓦を張りつけた（よく見るとタイル張りだが）海鼠壁（なまこかべ）が採

用されている。また、三棟の櫓も天守と同じく、壁面が真っ白に塗られている。しかし、『嶋原城廻之絵図』など江戸時代の絵図に描かれている天守は四重で、各重とも壁面の下部には下見板があしらわれ、ほかの櫓も同様に下見板を張ったように描かれている。したがって宇都智恵氏による天守の復元図も、最上重をのぞいて下見板張りである。

往時の『普請方記録』に五階それぞれのサイズが記されているため、天守が五階建てであったことはまちがいない。では、四重五階だったのかといえば、そうともいいきれない。絵図に四重に描かれているのは、一重目と二重目の床面積を同じにして、そのあいだに小さな腰屋根をもうけながら、それは正式な屋根としては数えずに、幕府には四重天守として報告していたからだと思われる。

幕府は将軍家の城とおなじ五重の天守を一大名が建てることをことさら嫌ったため、大名たちは幕府を刺激しないように、ギミックを使ってでも四重まででとどめようとした、

昭和39年に復興された島原城天守

という事実がある。島原城にも同様の事情が考えられるが、その天守の実態は、高さが約三十一メートルと、姫路城天守にも匹敵する規模だったようである。

復興天守はその規模こそ再現されているものの、天守台の石垣は明治時代に、島原監獄を建設するために上部が崩されており、そのうえ復興にあたって往時の位置から東南方向に十数メートル移動されている。そのあたりは残念だというほかないが、上に向かって面積を規則的に漸減させながら積み上げていく層塔型で、屋根を飾る破風が最上重の入母屋破風をのぞいてまったくないという点は、残された複数の絵図と共通している。

復興された天守と櫓の姿が、江戸時代のものと異なっていたとしても、広い堀で囲まれた高石垣上に、この規模の壮麗な建造物がならんでいたのはたしかで、島原城のかつての威容を想像するうえで役立ってはいる。

けた外れの重税と課役によって築かれた城

ここで最初の疑問に戻りたい。わずか四万三千石の小大名であった松倉重政が、どうしてこれほどの規模の城を築くことができたのだろうか。

じつは重政はそもそも、かなり開明的な大名だった。宣教師から南蛮文化のほか天文学や地理学を学び、東西の戦史に通じ、南蛮の美術にも造詣が深かったという。重政自身が南蛮貿易から利益を得ており、国籍不明の船を見つければ取り締まりを兼ねて商売もしたほどで、はじめは領内のキリシタンについても事実上、黙認していたという。

そして、貿易による利益も築城の財源にしようと計画していたようだが、幕府の禁教政策が厳しくなるにつれ、重政もそれに従わざるをえなくなった。築城が開始されて三年ほどの元和七年（一六二一）には、キリシタンへの弾圧をはじめている。

同時に取り組んだのが検地だった。領内の田畑の面積を測りなおし、単位面積あたりの収穫量を多く記録したうえで、五公五民から六公四民に、すなわち収穫の六割は年貢として納めさせることにしている。要するに、収奪を強化することで築城費用をまかなおうと試みたわけだ。そのうえ重政は、実際には四万三千石なのに幕府には十万石と申告。相応の城を築く必然性があるように装いながら、領民に過大な負担をかけたのである。

領民に課した負担のなかには、築城工事に携わるという課役もあった。島原城を築きはじめて七年三ヵ月のあいだに、延べ百万人を超える領民が徴発されたという。歴史画家で島原の郷土史家である宮崎昌二郎氏は、さまざまな史料から賃金なしの苦役が課された規模を割り出し、延べ二百四十五万人、報酬を払った技術者が延べ五十万人の、総計二百九十五万人が動員されたと計算している。

城を築きはじめた当初の重政には、島原城を南蛮貿易の砦にしようという目論見もあったようだ。ところが、工事が行われている七年あまりのあいだに情勢はすっかり変化し、城は領民たちへの過酷すぎる課役の象徴になっていった。

また、島原城がようやく完成したのちの寛永二年（一六二五）、重政は将軍家光から、キリシタン対策の甘さを指摘されている。そればかりか、幕府の方針に従わなければ完成した城を没収して改易する、とまで脅されたものだから、その後のキリシタンへの弾圧は、いっそう苛烈をきわめることになった。その象徴が、高温の温泉が噴気とともに激しく湧

キリシタンを逆さ吊りにした雲仙地獄

き出る雲仙地獄に、キリシタンを逆さに吊るす拷問だった。

こうしたあれこれが、幕府の政策が大きく転換するきっかけになる島原の乱につながっていったのである。

歴史の大きな転換につながった原城

寛永十四年(一六三七)十月に勃発し、翌年二月に鎮圧された島原の乱。この史上最大規模の一揆は、日本の歴史の大きな転換点になった。日本が長く世界に向けて開いていた窓は、天正十五年(一五八七)に豊臣秀吉が伴天連追放令を出して以来、少しずつ閉ざされてはいた。しかし、ほぼ完全にシャットアウトされてしまったのは、この島原の乱があったからである。

徳川による封建的支配の構造を盤石にし、それを儒教思想によってさらにしっかり守るために、幕府は鎖国という道を選択した。その後の日本は、世界史の大きな流れの埒外に置かれ、近代化のうえで決定的な遅れをとった挙句、幕末の黒船到来で天地がひっくり返ったように大騒ぎをすることになる。

もちろん、城の進化もすっかり止まってしまう。すでに元和元年（一六一五）の武家諸法度によって、あらたな築城は原則として禁じられ、壊れた部分の修理や失われた建物の再建にも大きな制限がかけられていた。しかし、鎖国が完成してからは、修繕や再建が許されたとしても、十年、いや百年一日のごとく、昔ながらの様式が繰り返しもちいられるだけになってしまった。

そうした決定的な転換点となった島原の乱の舞台が、平成三十年（二〇一八）に世界文化遺産への登録が決まった「長崎と天草地方の潜伏キリシタン関連遺産」の構成遺産でもある原城（はらじょう）だった。

膨れ上がったキリシタンへの弾圧と拷問

島原半島および天草地方は、キリシタン人口が多かった。島原半島の日野江城を本拠とする有馬晴信は、天正八年（一五八〇）にみずから洗礼を受けたほどで、前述のようにキリスト教を積極的に保護したため、家臣も領民も多くがキリシタンになった。また、天草地方は天正十五年（一五八七）に豊臣秀吉が九州を平定したのち、やはりキリシタン大名だった小西行長の所領になった。

行長が天草の領主になったのは、すでに伴天連追放令が出されたあとだが、イエズス会への援助を継続し、当時、三万人ほどだった天草の人口の三分の二はキリシタンだったといわれる。また、晴信も迫害されて追い詰められた宣教師を領内で保護するなどし、一説には、追放令前には島原半島に二万人程度だったキリシタンの数が、その後は一時、七万人にまで膨れ上がったという。

ちなみに、九州全体では最盛期のキリシタンの数は、全人口の三割を超える三十万人におよんだといわれている。

秀吉の時代は、キリシタンの迫害がはじまったといっても個人の信仰は許され、大名も高山右近のように領地を没収された例はあったが、必ずしもだれもが棄教を強いられたわけではなく、晴信や行長はキリシタンのままだった。秀吉は南蛮貿易の利益を捨てたくなかったため、禁教政策は中途半端だったのである。晩年の文禄五年（一五九六）にも禁教令を出したが、京都で活動していたフランシスコ会の宣教師や信者らを処刑した以外に、あまり広がりはなかった。

徳川の世になっても当初は、キリスト教は黙認されていたが、幕府は徐々に態度を硬化させる。そして、慶長十四年（一六〇九）の岡本大八事件をきっかけに、幕府は禁教に大きく舵を切る。

これは先に少し触れた、有馬晴信が関連した贈賄事件である。そのあらましは少々ややこしい。なるべく簡単に説明すると、徳川家康の信任が厚かった本多正純の与力でキリシタンの岡本大八が、失われた所領の回復を願う晴信に、正純を通じて家康とのあいだを取り持つというウソを持ちかけて多額の金品を受けとった、というものだ。大八は火刑になり、晴信も改易されたのちに斬首されてしまう。

それからのちは幕府の禁教政策は苛烈をきわめた。まず慶長十七年（一六一二）には直轄地に、続いて翌年には全国に禁教令が出された。その年の末には、キリスト教が日本の宗教の敵と断じられ、翌慶長十九年、高山右近をはじめ主だったキリシタンや宣教師らが国外に追放された。

それでも、貿易は続けたいと考える幕府の禁教政策には不徹底な面があったのだが、元和二年（一六一六）に家康が死ぬと、幕府は貿易の実利に目をつぶってでも、キリシタンが存在することの弊害を避けるようになる。

その年、明以外の外国船の入港が長崎と平戸に限定され、同時に禁教の範囲が「下々百姓に至るまで」と厳格に示された。それからはキリスト教の弾圧、すなわちキリシタンの発見と強制改宗に俄然力が入れられ、おびただしい数のキリシタンが拷問の末に殉教していった。

合流して原城に籠城

さて、有馬領の島原半島だが、晴信は改易されたものの、嫡男の直純は、家康の養女を正室にしていたこともあり、すでに述べたように所領を受け継ぐことが許された。自身もキリシタンだったがすぐに棄教し、その後は領民にも棄教を求めていった。

しかし、領内のキリシタンの数は尋常ではない。かたちだけでも棄教した人が多かったとはいえ、あくまでも棄教をこばんで処刑される人もあとを絶たず、直純の重臣三人も、棄教に甘んじることができずに家族もろとも火あぶりにされている。

直純が日向国延岡に転封になって松倉重政が領主になると、島原城を築くために領民に一般的な負担の二倍近い年貢を課し、大量の領民を築城工事に動員し、そのうえキリシタンの弾圧もますます強化したことは、すでに述べたとおりである。

天草地方も同様だった。小西行長は関ヶ原合戦に西軍の将として参戦して斬首されたため、その後は寺沢広高（てらざわひろたか）の所領になっていた。そして、一時はみずからもキリシタンだった広高は領民に厳しく棄教を迫り、拷問を繰り返した。

こうして苦境に立たされつづけた島原や天草の領民が、ついに領主に向かって蜂起したのが島原の乱だった。

寛永十四年（一六三七）十月二十五日、有馬村の村人が代官を殺したのをきっかけに各地で武装蜂起が起き、領民たちの勝利が相次いだ。しかし、天草の富岡城、続いて島原城を攻めたものの落城させることができず、それからは島原と天草の領民たちが合流して、すでに廃城になっていた原城（はらじょう）に立てこもることになったのである。

西洋とつながっていた二つの城

平安中期に瀬戸内海で朝廷への反乱を起こした藤原純友（ふじわらのすみとも）の子孫だという有馬氏は、鎌倉時代から日野江を拠点にしてきたが、明応五年（一四九六）に有馬貴純（たかずみ）は日野江城の支城として、その南の有明海に張り出した丘の上に原城を築いた。

だから、日野江城も原城も歴史は古いのだが、ともに有馬晴信によって大改修され、最先端の城に生まれ変わっていた。

まず日野江城だが、平成七年（一九九五）からの発掘調査で、大手門と思われる位置から本丸の下まで、百メートル以上まっすぐ続く階段が見つかった。こうした直線の登城路は織田信長の安土城の大手道と共通するほかには、同時代に類例がなく、海外の影響によるものだと考えるのが妥当ではないだろうか。
というのも、階段の袖の石垣には切り石がジグソーパズルのように組み合わされていたのである。日本の城の石垣に、このような完全な切り石が登場するのは十七世紀後半以降のことで、一世紀近くさかのぼる九州の城にこうした石垣が登場したのは、キリシタン大名の居城で、海外との交流が盛んだった日野江城ならではというほかない。

一方、支城の原城にも海外の影響はみられる。晴信は秀吉の命で朝鮮に出兵し、およそ六年間を朝鮮半島ですごしている。そのあいだに学んだ築城技術が、原城を改修する際に存分に活かされていると考えられるのだ。城郭全体としては、土でつくられた曲輪が並立する中世城郭の構造が残されていたが、本丸は総石垣づくりである。

島原半島は日本と西洋の結節点だった。天正遣

日野江城のほど近くに築かれた原城

欧少年使節に選ばれた四人も、日野江城下に開設されたセミナリオ（イエズス会の聖職者養成学校）で学んだのちに、ヨーロッパに旅立っている。そして、そこにあった有馬家の二つの城は、日本が世界に向けて開かれていた時代を象徴する城だったのである。

原城には築石に巨石をもちいた巨大な枡形（方形の空間を石垣で囲み、二ヵ所に門を開いた出入り口。敵の直進をはばみ、また枡形内に閉じ込めて殲滅できる）が複数もうけられ、豪壮な門が構えられていたと考えられる。ほかにも瓦が葺かれたいくつかの櫓が建ちならんでいた。

有馬直純が転封になったのちは、代わりに入封した松倉重政があらたに島原城を築いたので、日野江城も原城も廃城になった。しかし発掘の結果、島原の乱が勃発した当時、原城には石垣ばかりかいくつかの城門や櫓、塀などが建っていて、軍事施設として完全な状態だったことがわかっている。

見つかったおびただしい人骨が語ること

原城に立てこもった人たちが全員、キリシタンだったわけではない。キリスト教と縁がなかったり、すでに棄教していたりしながら、自分が属する地域コミュニティ内の人間関係の都合で、周囲と行動をともにするしかなかった人も少なくないようだ。

とはいえ、島原や天草の人たちが過酷に収奪され、苛烈な拷問に日々さらされ、そのうえ度重なる飢饉に見舞われ、追い込まれていたのはまちがいない。キリスト教は霊魂の不滅を説く。生命と財産がはかなく消えてしまいそうな状況下に置かれたとき、永遠に滅びないなにかを獲得するために、人が命を賭しても不思議ではない。

ルイス・フロイスの『日本史』には、島原の乱から七十年ほどさかのぼる永禄九年（一五六六）に、イエズス会宣教師で医師でもあったルイス・デ・アルメイダが体験したこととして、財産の大部分を来世の救済のために使ってきた五島の領主の母に関する逸話が記されている。支配階級でさえ、早々に見切りをつけて来世に期待を賭けたくなるくらい、現世は不安定だったのである。

もっとも、彼らが自暴自棄だったとばかりはいいきれない。ポルトガルの援軍を得ようという戦略を描いていた可能性も、それが現実的だったかどうかは別として、指摘されている。そして、原城への籠城当初は城の守りがかたく、討伐軍の上使（総大将）だった板倉重昌が銃撃され戦死している。そこで、二人目の上使に老中の松平信綱が任命されると、九州の諸大名に援軍を要請することになり、討伐軍は十二万に膨張。作戦を兵糧攻めに切り替えている。

寛永十五年（一六三八）二月二十八日、討伐軍は原城に総攻撃を仕かけた。籠城していた三万七千人（と記録にあるが、現実にはそれより一万人以上少なかったという見方もある）は、内通者の山田右衛門作を除いて全員が殺されたといわれる。

原城はその後、二度と一揆の拠点になることがないように、また、幕府にとっての負の遺産を消滅させるために、石垣などが徹底して破壊された。二月二十八日の戦闘終了後、早くもその日の午後二時ごろに、肥前国（佐賀県）唐津藩の寺沢堅高（寺沢広高の継嗣）と福岡藩の黒田忠之は、城の掃除と遺体の片づけを命じられている。そして三月一日には石垣が破却され、三日に諸大名は帰国を許された。

本丸正面に連続する枡形は、もっとも激しい戦いが繰り広げられた場所だといわれる。そこを発掘すると、石垣の上部が意図的に崩されているのがわかった。そして崩された石材を取りのぞくと、その下に瓦の層があり、さらに下からおびただしい数の人骨が見つかり、その多くが著しく損壊した状態だった。

このことから、石垣上には瓦が葺かれた建物が建っていたことが明らかだが、もうひとつわかるのは、おびただしい遺体を石や建物の残骸で埋めたという事実である。また、遺体が損壊されたのが戦闘中なのか死後なのかわからないが、こうした遺体の状況から、幕府がキリシタンの復活を強く恐れていたことはわかる。すなわち、最後の審判ののちに復活する、というキリスト教の教義を理解したうえで、それを恐れ、阻止しようとしたのだ

地下から大量の骨が見つかった原城本丸入り口の枡形

上部が意図的に損壊された原城本丸の石垣

高台が原城本丸

ろう。その意識が鎖国政策の完成につながっていく。

いま原城を訪れると、上部が意図的に破壊されたのがはっきりわかる石垣が、本丸の周囲をめぐっている。発掘によって姿を現した原城は、少なくとも本丸は、簡単には壊せない、最先端の堅固な近世城郭だったことが明らかに見てとれる。それは世界に開かれた城の跡だが、この地域がとくに開かれていたばかりに空前の殉教の舞台となり、その後、日本は世界から取り残されていく。

そのきっかけを作ってしまったことは、原城に眠る無数の人にとって無念である気がしてならない。

第11章 丸亀城、宇和島城、高知城、松山城

鎖国下に建てられた進化が止まった天守たち

創造的ダイナミズムが喪失した

織田信長が安土城を築いて以来、日進月歩だった日本の築城技術は、大坂夏の陣で豊臣家が滅んだ元和元年（一六一五）を境にあゆみを止めてしまう。

きっかけのひとつは、この年の閏六月に幕府が発した一国一城令だった。それまでは各地の大名、とりわけ西国の外様大名は領国内に、本城に加えていくつもの支城を構えているのがふつうだった。ところが、原則として一領国内にひとつの城だけを残し（領国が複数の国にまたがる場合は国ごとに一城）、ほかはすべて破壊するように、という命令がくだったのである。

続いて同年七月には武家諸法度が発布され、残された一城についても、大名が修理や修復をする際は幕府に届け出ることが義務づけられた。寛永十二年（一六三五）の改定で、櫓や門、塀などの建造物をもとどおりに修復するだけで、土木工事をともなわないなら、届け出なくてもよいことになったが、いずれにせよ城をあらたに築くことも、創造的に改修することも禁じられてしまった。

慶長五年（一六〇〇）の関ヶ原合戦から大坂の陣までのあいだは、俗に慶長の築城ラッシュとよばれるほど、各大名が競って城を築いた。江戸に徳川、大坂に豊臣と、ふたつの権力がならび立っていたため、いつまた天下分け目の合戦があるかわからない。多くの大名がそう考えたからだ。

なかでも大規模な城を築いたのは、関ヶ原ののちの論功行賞で西国に配置された、豊臣家と縁の深い大大名たちで、結果として石垣などの築造技術も建築技術も、この時期に飛躍的に向上した。そこに強制的にストップがかけられたのである。

安土城にはじまった近世城郭の発展は、海外からの影響なしに語ることはできない。

そもそも城のスタイルが大きく変わったのは、ヨーロッパから鉄砲が伝えられ、戦い方が大きく変わったことがきっかけだった。鉄砲での攻撃を防ぐには広い堀と高い石垣が有効で、また砲弾の貫通を防ぎ、火による攻撃にも備えられるように、塀や櫓の壁はどんどん厚くなっていった。

だが、城の変化はそれだけではなかった。織田信長や羽柴秀吉は、鉄砲を操るヨーロッパに負けない城を築きたいと考え、ヨーロッパの人たちから聞きだした話をもとにイメージを膨らませ、自らの城に取り入れたに違いない。天守の出現も、総石垣による築城がはじまったのも、石垣と木造の建造物が一体となって防塁になるスタイルが創始されたのも、信長らがイメージした西洋に、その根源を見いだせはしないだろうか。

しかし、こうして急坂を勢いよく登っていた日本の城の進化は、元和元年であゆみが止まってしまう。ただし、その後も大坂夏の陣で落城した大坂城が、主に西国の大名を動員して元和六年（一六二〇）から九年がかりで再築され、完成していなかった江戸城の整備も、全国の大名を動員して寛永十五年（一六三八）まで続いた。だから、大名たちにとって築城三昧の日々はまだしばらく続いたが、それはあくまでも天下人の築城の手伝いであった。技術はより磨かれ、洗練されても、みずからが城を築ける状況は失われており、築城ラッシュのころの創造的なダイナミズムはしぼんでしまった。

今日、日本には十二の天守が現存し、そのうちの四つが四国にあるが、じつは、四天守はいずれも元和元年よりのちに、さらにいえば、寛永十六年（一六三九）にポルトガル船の来航が禁じられて鎖国が完了し、海外の影響がきわめて限定的になってのちに建てられている。それらの特徴を、年代を追いながら明らかにすると、徳川幕府が盤石の権力をかためてから幕末までの、進化が止まった時代の城のあり方がわかる。同時に、海の外への目が閉じられた二百年を超える太平の世が、建築や技術、ひいては文化全体にどう影響し、なにをもたらしたのか、一端が見えるはずである。

幕命によって例外的に築かれた丸亀城

丸亀城（まるがめじょう）は一国一城令でいったん廃城になっている。

丸亀城を築いたのは、天正十五年（一五八七）に讃岐一国（香川県）をあたえられた豊臣大名の生駒親正とその子の一正だった。しかし、関ヶ原合戦で東軍についた功績で引きつづき讃岐の領有を認められると（父の親正は西軍にくみして、戦後隠居した）、慶長七年（一六〇二）から高松城を居城とした。丸亀城には城代が置かれたが、支城にすぎないために廃城の対象となったのである。

ところが寛永十七年（一六四〇）、お家騒動が起きて生駒家が改易になると、幕府は讃岐国を二つに分ける。そして高松には徳川光圀の兄、松平頼重が配置され、讃岐の西半分をあたえられた山崎家治は丸亀城を再興することになった。

しかし、廃城になってすでに二十数年をへた城がそのまま使えるはずもない。すでに江戸城もいちおうの完成を見ていたこの時期に、例外的に築城が進められ、標高六十六メートルの亀山全体を山麓から四段に重ねた石垣で取り囲んだ、きわめて防御性の高い城ができあがった。また、下部ではゆるい勾配が上部ほど反り返る石垣は「扇の勾配」とよばれる曲線を描き、美しさも備えている。石垣築造技術が頂点に達した時期の最後のかがやきが、丸亀城に見られるのである。

それにしても、たかだか五万石の大名だった山崎家治に、どうしてこれほど大がかりな築城が可能だったのだろうか。

丸亀城の扇の勾配が美しい石垣

老中から家治に宛てられた寛永二十年（一六四三）の書状によると、山崎氏には築城費用として幕府から銀三百貫があたえられ、その年の江戸への参勤も免除されている。ただし城をどう構築するかについては、幕府の指図に従うように命ぜられている。つまり堅固で美しい石垣の城は、幕命によって整えられたということだ。

その理由は、ひとつには丸亀が瀬戸内海の海上交通を監視すべき重要な地点に位置していたからである。そしてもうひとつ。日本史上最大規模の一揆であり、キリシタン弾圧への抵抗でもあった島原の乱が鎮圧されたのは寛永十五年（一六三八）で、当時はその記憶がまだ生々しかった。丸亀沖の本島をはじめ瀬戸内海の島々にはなおキリシタンが多かったといい、万が一にも彼らが蜂起したときのために、幕府は丸亀城に堅固な備えを求めたと考えられている。

その後、山崎氏は万治元年（一六五八）、跡継ぎがおらずに断絶したため、播磨国（兵庫県）龍野から京極高和（たかかず）が丸亀に移り、明治をむかえるまで京極氏が代々城主を務めた。ただ、城は山崎氏の時代にほぼ完成していたと思われる。正保二年（一六四五）に幕府に提出された城絵図を見ると、山上の石垣は現状とほぼ同じように配置されているので、突貫工事で築かれたのだろう。そして、その絵図には天守も描かれていることから、本丸に現存する天守もそのころには完成していたと考えられる。

幕府に遠慮しながらも大きく見せたい

ただし、正保の城絵図には「天守」とは書かれず、「矢倉六間五間」と記されており、幕府には櫓として申請していたことがわかる。天守は近世城郭の象徴だが、天守がない城は少なくなかった。大大名でも幕府に遠慮して最初から天守を建てなかったり、焼失したのちは再建しなかったりしたケースは多い。とくに元和元年の武家諸法度で、新規の築城や増築が禁止されてからは、原則としてあらたに天守を建てることは許されなかったので、天守がほしい大名は三重の櫓を建て、「三階櫓」「三重櫓」などとよんだ。

じつは、丸亀城天守もこうした代用天守で、江戸時代には天守とよばれていなかった。幕府の公認が得られていないだけで実質的には天守だったのだが、その規模には幕府への遠慮が反映されていると思われる。

城絵図の「矢倉六間五間」とは、一階平面が六間×五間だということを意味する。天守の平面の大きさは一般に、柱と柱の間隔を表す「間」で表される。天守の場合、一間はおおむね六尺五寸（一・九七メートル）の京間を指すが、天下人の城では七尺の大京間がもちいられるケースが多く、ほかにも六尺四寸から六尺まで城によってまちまちでややこしいのだが、そこはあえて問わないことにする。

北側からあおいだ丸亀城天守

丸亀城天守の六間×五間という寸法は、現存天守のなかでは、やはり代用天守の三階櫓であった弘前城とならんで小さい。ちなみに戦災で焼失した名古屋城天守が十七間×十五間、現存天守で最大の姫路城が十三間×十間である。

一重目から二重目、三重目と、床面積を少しずつ逓減させた層塔型なので、三重目は三間余り×二間余りとかなり小さい。だが、それにしては存在感があるのはなぜか。

その仕かけのひとつは最上層の屋根にある。大手門の方角、つまり北側から天守を眺めると、入母屋屋根の破風がこちらを向いており、妻側がこの広さなら平側（棟に平行な側）はさらに奥行きがあるはずだと思わされる。平側が長辺なのがふつうだからだが、丸亀城天守は平側のほうが短い。要するに、城下から見上げたとき大きく見えるように、あえて間口が広い側に三角形の入母屋破風をつけたのである。だから本丸に登って西側から眺めると、平側の屋根が極端なまでに狭く見える。

また城下から望める北側は、一重目の下部にだけ下見板が張られ（西側には張られていない）、左側に出窓型の石落としが設置されているのも、大きく立派に見せるためのアクセントだろう。ほかにも北側には、二重目に向唐破風（むこうからはふ）がついて虹梁（こうりょう）（虹のように反った梁で化粧材としてももちいられる）や蟇股（かえるまた）で装飾され、立派に見せている。三重目も窓の両側の壁までを囲って白木の格子で飾り、窓を大きく見せている。

丸亀城天守は西側から眺めるとかなり細い

天守としては非常に小さくとどめながら、実際より大きく立派に見せるために、本質ではない部分に工夫を凝らしているのである。また、一階には二つの大筒狭間（おおづつざま）、すなわち大筒を放つための狭間が開けられている。周囲で万が一の蜂起が起きても対処できる、という幕府へのデモンストレーションも兼ねていたのだろうか。

幕府に遠慮しつつもみずからの権威は、見せかけであっても示しておきたい――。その考え方が拠って立つ地点は、各大名が自由な発想で創意工夫を凝らした築城ラッシュ時の建築とは大きく異なっている。

多彩に装飾された宇和島城天守

宇和島城（うわじまじょう）の原型は築城の名手として知られる藤堂高虎が築

いた。文禄四年（一五九五）に豊臣秀吉から伊予国（愛媛県）宇和郡七万石をたまわった高虎は、板島丸串城を修築。海に面した標高八十メートルほどの山上に本丸をはじめ曲輪をもうけた。二辺が海に面し、三辺は海水を引き入れた堀で囲んだ不等辺五角形の縄張りは、高虎が築いてからのちまで大きく変わることはなかった。慶長六年（一六〇一）までに城は完成し、同時に天守も建てられたと考えられている。

このときの天守は、一重の大きな入母屋屋根に二重の上部を載せた三重三階の望楼型で、外壁に下見板が張られ、三重目には廻縁がつく旧式のものだった（ただし一重目から規則正しく逓減し、層塔型につながる構造だったという）。

高虎は関ヶ原合戦で戦功を上げると、徳川家康から伊予の半国二十万石を加増されたために今治に転出する。さらに慶長十三年（一六〇八）、伊勢国（三重県）津に移ると、富田信高が宇和島十万石を拝領する。富田氏は五年で改易になるが、伊達政宗の長男で豊臣秀吉の猶子（養子格）でもあった秀宗が宇和島十万石をあたえられ入城してからは、幕末まで九代にわたって伊達家が宇和島城主を務めた。また、伊達家の居城になったころから板島は宇和島とよばれるようになっている。

そして二代宗利のとき、いまに残る天守が建てられ、寛文六年（一六六六）に完成した。高虎が建てた天守は古材を多く使ったため、ことのほか早く老朽化したようで、幕府へは

装飾的で美しい宇和島城天守

修理の名目で届け出たうえで天守台もふくめ全面的に新築された。

あたらしい天守は一階平面が六間四方、二階が五間四方、三階が四間四方と少しずつ小さくなっている。外観は白漆喰総塗籠だが、各階とも窓の上下に長押型がつく。富士見櫓をはじめ江戸城の櫓群（天守をふくむ）とも似た意匠だが、長押に江戸城のものにはない段差がつくなどより装飾的だ。

装飾といえば、正面と背面は一重目の屋根に三角形の千鳥破風が二つならび（比翼千鳥破風とよぶ）、二重目にも千鳥破風がつき、三重目は軒を弓型にせり上げた軒唐破風で飾られている。両側面も一重目が千鳥破風、二重目が向唐破風で飾られている。また、それぞれの破風は御殿建築と通じる懸魚（げぎょ）（妻飾り）で飾られている。

バランスよく配された狭間が、大きく反り上がった軒先と相まって羽ばたく鳥のように優美だが、それがこの天守の性格を物語っている。

有事を意識しにくい時代の特徴

まず、宇和島城天守の破風の内側には破風の間がない。屋根上にもうけられた破風の内側は、壁面から飛び出した出窓のような破風の間となり、外の敵を鉄砲で射撃したりするための陣地とされるのがふつうだった。ところが宇和島城天守の破風はすべて、たんに外観を飾るだけで、破風の構造が内部に少しも反映されていない。じつは徳川家光の指示で寛永十五年（一六三八）に完成した、江戸城の三代目天守の破風も同様だった。

　また石落としがなく、壁面には鉄砲狭間がひとつも開けられていない。天守入り口も御殿のような唐破風つきの玄関で、戦時に最後に立てこもる場所だという切迫感はきわめて乏しい。

宇和島城天守台には犬走りが

　天守台石垣が天守の外壁から外側に大きくはみ出し、天守の周囲に幅一メートルほどの犬走りができているのも気になる。幕末の修理の際、もとの天守台の石垣を崩さずに現在の整った切込ハギの石垣を積み足したため、犬走りがさらに広くなったようだが、いずれにしても天守の外壁に石落としがないばかりか、低い石垣のうえに人が歩けるスペースがもうけてあるのだから、防御という観点から見るとはなはだ心もとない。

たとえば、三階の屋根につけられた軒唐破風の下、つまり三階の壁面のかなり上部に排煙窓がもうけられているなど、有事のための設備がないわけではない。

とはいえ大坂の陣からすでに半世紀が経過し、やはり有事に備えるという意識が薄らいでいると見るのが妥当だろう。その一方で、破風をバランスよく配置し、懸魚や長押型などの装飾、軒の反り方などに凝り、窓を徹底して左右対称に配置するなど、美観を強調することにかけては抜かりがない。

戦闘らしい戦闘が起きなくなって久しく、万が一の有事をイメージすることが難しくなった時代。それは城郭の新造が禁じられてあたらしい意匠が生まれにくい時代であり、海外との交流が断たれて、未知の発想に触れる機会が失われた時代でもあった。そういう時代には、既存の意匠を磨きながら使いまわすしか方法がない。

このような意識と作業は新奇なものを生み出しにくいが、既得されたものの洗練にはつながる。宇和島城天守の美しさはそこにある。

百五十年前の初代を再現した高知城天守

高知城天守はいかにも初期の望楼型

現存する高知城天守が建てられたのは延享四年（一七四七）で、丸亀城や宇和島城の天守からさらに八十〜百年ほど時代がくだる。だが、そこにあたらしい意匠は見られない。それどころか、むしろ様式は後退している。

享保十二年（一七二七）、高知城下は大火に見舞われ、それが城に燃え広がり、城内の建造物は現存する追手門を残してほとんどが焼失してしまった。そこで延享三年（一七四六）から天守をはじめとする本丸の再建が着手され、三年後の寛延二年（一七四九）に完成した。その際、山内一豊が建てた焼失前の天守の外観を再現したため、江戸時代も半ばをすぎてから建てられたのに、旧式の望楼型が再現された。あらたに建てられる天守が、大きな入母屋屋根に小さな望楼を載せた望楼型から、丸亀城や宇和島城のように、同じかたちの構造物を、一階から最上階まで逓減させながら積み上げる層塔型にすっかり代わって、百二十〜百三十年はたっていたというのに、である。

高知城がある標高四十四メートルの大高坂山に城を築いたのは戦国末期の四国の覇者、長宗我部元親だった。長宗我部時代の石垣の一部は三の丸地下で発見され、いまその場で見ることができる。ただ、元親は水害などで城下町を整備しにくかった大高坂山を嫌い、天正十九年（一五九一）、桂浜近くの浦戸城に移ったという。

その後、元親の嫡男の盛親は関ヶ原合戦で西軍にくみしたために改易され、土佐一国（高知県）二十四万二千石は、遠江国（静岡県）掛川城主だった山内一豊にあたえられた。以後、明治をむかえるまで山内家が土佐藩主として君臨する。

はじめは浦戸城に入った一豊だったが、浦戸の周囲は城下町を整備するには土地が狭かったため、大高坂山での築城を決定。慶長六年（一六〇一）秋に工事がはじまり、天守をふくむ本丸や二の丸は慶長八年（一六〇三）には整った。その後、三の丸が完成して城郭全体が整備されたのは、一豊が慶長十年に没したのちの慶長十六年（一六一一）だった。

天守を建てるにあたり、一豊は掛川城の天守の再現を望み、とくに最上階の廻縁は、一豊がこれをつけたいと強く希望したという。そのころ廻縁がある天守はあまり建てられておらず、家老たちは目立ってはいけないと忠言したが、一豊は徳川家康の許可を得てまで自分の願いを叶えた、と伝えられる。

こうして、十六世紀末の掛川城天守のイメージを背負った望楼型天守が、十七世紀初頭に高知城にお目見えしたのだが、それが失われると望郷の思いを満たすかのように、十八世紀半ばにもとの旧式をあえて再現したのが、現在の高知城天守である。実際、昭和二十六年（一九五二）に行われた解体修理の結果、初代天守と土台の配置が一緒で、礎石が少しも据え替えられていなかったことがわかり、焼失した旧天守の姿が踏襲されたことが明らかになっている。

つまり、江戸時代中期に百五十年前の建物の姿が再現されたのである。

初期の望楼型天守の特徴

高知城天守に天守台はなく、北面は築城当初からの本丸石垣の、鈍角に折れ曲がった位置から直接建ちあがっている。そして、残る三面は平地に建てられている。四重六階で一階平面は八間×七間。二階も一階と同じ大きさで大きな入母屋屋根が載り、そのうえに二重の望楼が置かれている。三階と四階は四間四方で、二重目の入母屋屋根の屋根裏階にあたる三階は、破風の窓から採光されている。三重目の屋根に三間四方の五階と六階が載るのだが、三重目の屋根裏階である五階は窓がなく真っ暗だ。

六階建てにしては天守の高さは十八・五メートルと低い。三重三階の丸亀城と宇和島城は、それぞれ高さが十五メートルと十五・八メートルで、高知城はそれより三メートル程度しか高くないのにフロアの数は二倍ある。したがって、それぞれの階高は現存天守ではいちばん低い。とくに五階の階高は二メートルに満たない。

外壁は白漆喰総塗籠で、平側（軒に平行した側面。一般に長辺）は二重目の入母屋屋根の棟側に大きな千鳥破風が据えてある。妻側（棟に直角な側面。一般に短辺）は二重目に入母屋屋根の破風が広がり、青銅製の鯱が最上重のみならず、ここにも載せられている。そして、その棟が三重目の屋根を押し上げるように上にのびているので、それを吸収するように三重目には軒唐破風がもうけられている。最上階の廻縁および高欄（手すり）、そして廻縁の出入り口の引き戸には黒漆が塗られている。

また、二重目の大屋根と最上重とで入母屋破風の向きが異なり、交差している。つまり正面から眺めたとき、最上重の入母屋破風がこちらを向く。これは安土城天主や豊臣秀吉の大坂城天守とも共通する初期の望楼型天守の約束事で、高知城天守ではそれが忠実に守られているのである。

高知城天守は石落とし、鉄砲狭間、忍び返しで鉄壁の備え

防御も厳重で、本丸を囲む石垣から直接建ちあがる北面は一階に二つの石落としがつき、石垣のすぐ上、すなわち建物の下端には、壁から剣の先が突き出した忍び返しがならぶ。また一階、二階、四階の壁面には大きな鉄砲狭間がいくつも開く。焼失した初代天守に防御の設備がどうしつらえてあったのかわからないが、太平の世におけるこの鉄壁の防御は、やはり初代天守を踏襲してこそであった。

ところで、高知城天守は、実際には左右がほぼ対称なのに、非対称のように錯覚させられる。それは本丸の建造物が全国の城で唯一、すべて現存しているからである。このため、たとえば東側から眺めると、本丸の石垣上を東南に延びる土塀が天守一階に重なり、左側は本丸御殿の屋根が連なって見える。北側から眺めると右に東多門がつながっている。本丸から眺めれば天守の前には本丸御殿が建つ。どこから眺めても天守が単体で切り離された姿は拝めない。そのために天守自体が複雑な姿であるかのように見え、優美さが増している。

だが、こうもいえる。近代になって過去の建築に文化財という考え方が導入される以前は、再建される建造物にはたいてい、あたらしい時代の意匠や様式が反映された。そこには多くの場合、海外の影響も加わった。たとえば鎌倉時代に復興された東大寺は、現存する南大門に、復興の音頭をとった重源が宋で学んだ様式が色濃いように。

しかし、高知城天守が再建された十八世紀半ばは、築城ラッシュから百五十年近くが経過し、海外との交流が事実上断たれて一世紀以上たっていた。城郭建築に関する(城郭にかぎらないが)様式や意匠が更新されなくなって久しく、異例なほど創造性が生まれにくい時代だった。高知城天守の美しさは、国を閉ざすことで太平をたもっていた特殊な時代ならではの停滞に依拠する、と指摘することもできる。

幕末再建の松山城天守がなぜ古風なのか

愛媛県の松山平野の中央、標高百三十二メートルの勝山山頂にそびえ立つ松山城天守は、一重目と二重目に下見板が張られ、三重目には廻縁がつくなど、古風な佇まいをみせ

古風な佇まいの松山城天守

ている。だが、この三重三階の天守の再興落成式が行われたのは、幕末の安政元年（一八五四）二月八日で、すでに前年の嘉永六年六月にはアメリカ海軍のマシュー・ペリー大将率いる艦船四隻が浦賀沖に来航していた。再興落成式の前月、艦船はふたたび浦賀沖に現れ、その二カ月あまりのちに日米和親条約が結ばれている。

現存天守のなかでもっともあたらしく、日本に洋風建築が続々と建ちはじめるわずか二十年ほど前に完成したのだが、その二百数十年前に建てられた天守とのあいだに、技術的な進歩や意匠の変化はほとんど見られないのである。

松山城を築いたのは豊臣秀吉の小姓からのし上がり、秀吉が柴田勝家と覇権を争った賤ヶ岳合戦で「七本槍」の一人として名を馳せた加藤嘉明だった。嘉明はすでに文禄四年（一五九五）には伊予国に封じられて松前城に入城していた。しかし、関ヶ原合戦で東軍に加わった戦功で伊予半国二十万石に加増されると、松前城では手狭だと判断。勝山へのあらたな築城を決意し、慶長七年（一六〇二）に工事がはじまった。

そして二つに分かれていた勝山の峰を切り崩して谷を埋め、山頂を広げて本丸とし、西側の山腹に二の丸をもうけるなど、いまに伝わる松山城の原型を築いた。嘉明が本丸に築いた天守は五重の威容を誇ったといい、詳細は不明だが、いまと同様に連立式天守（大天守を中心に多重の小天守や櫓を複数配置し、そのあいだを渡櫓などでつないだ形式）だったとされる。

その後、嘉明は寛永四年（一六二七）に会津へ転封となり、蒲生氏郷の孫である忠知の治世をへて、松平定行が十五万石で松山に入った。その定行は寛永十六年（一六三九）に松山城の大規模な改修に着手し、天守も三重三階に改築した。あえて小さくしたのは、勝山山頂の地盤は谷を埋めたために弱いので、五重の天守では倒壊する危険性があると考えたからだとも、幕府への恭順を示してのことだともいわれている。

だが、それから百四十数年をへた天明四年（一七八四）の元旦に天守は落雷を受け、連立式天守をはじめ本丸にあった多くの建造物は焼失してしまった。

時の城主で九代藩主の松平定国(さだくに)はただちに復興計画を立て、幕府に請願して許可が下りている。ところが、折しも天明の飢饉のさなかで、藩の財政難も加わってなかなか着工できなかった。十一代藩主の定通(さだみち)のときにようやく着工されたものの、作業場の失火などもあって工事は進まず、本格的な再建工事に取りかかったのは弘化四年（一八四七）、十二代藩主の定穀(さだよし)のときで、火事からすでに六十三年がたっていた。嘉永五年（一八五二）にようやく、三重三階の大天守と二重二階の小天守、二重二階の隅櫓二棟を一重一階の渡櫓で結んだ連立式天守が再興されている。

二百年以上にわたる停滞の象徴

松山城には現在、二十一の重要文化財が遺されている。しかし、この連立式天守のうち現存するのは大天守のみで、小天守と南隅櫓、北隅櫓、それらを結ぶ渡櫓は昭和八年（一九三三）七月に放火に遭い、残念ながら焼失してしまった。

その後も昭和二十年（一九四五）七月二十六日の松山大空襲によって複数の櫓や門が焼失し、戦後も同二十四年に失火のため、筒井門(つついもん)とその続櫓が失われている。そんななかで大天守がよく残ったともいえる。また、昭和八年の火災前、国宝指定を受けるための調査で膨大な写真が撮影され、図面が制作されていたので、失われた建造物を元来の工法で正確に復元することが可能だった。

昭和三十八年（一九六三）以降、再建計画が始動し、大天守と連立する小天守と櫓群は昭和四十三年に木造で再建され、放火される以前の威容がよみがえった。

さて、現存する大天守は、下階から上階に向けて規則的に床面積を小さくして積み上げた層塔型だ。三重三階の一階は平側（軒に平行した側面）九間に対して妻側（棟に直角な側面）は七間半で、二階は平側七間半×妻側六間、三階は平側六間×妻側四間半と逓減する。その点は高知城よりはあたらしい様式だが、冒頭でも述べたとおり外観は古風である。

一重目と二重目は腰高の下見板が張られ、規則的に鉄砲狭間が開けられている。一重目の屋根は四方に千鳥破風が飾られ、二重目は平側に千鳥破風、妻側には軒唐破風がもうけられるなど、装飾に抜かりがない。だが、千鳥破風はいずれも二つの鉄砲狭間が開けられ、宇和島城などと違って内部に鉄砲を撃てる破風の間が存在するなど、太平の世をむかえる以前の意匠を継承している。破風の直線的な勾配も、関ヶ原合戦以前に建てられた可能性がある熊本城宇土櫓（うとやぐら）などと共通して、古風な印象をあたえる。

また、窓の建具が初期の天守と共通する木製の突き上げ戸で、約二百五十年前の慶長十四年（一六〇九）に建てられた姫路城天守あたりから引き戸が一般的だったことを考えると、あえて古式を採用したとしか思えない。三重目の壁面だけは白木の長押型をのぞいて

木製の突き上げ戸も古風だ

漆喰で塗り籠められ、そこに廻縁がつく（実際にそこを歩くのは困難な装飾的な廻縁だが）。

このように全方位的に古風なのは、天明四年に焼失した天守の姿をできるだけ忠実に再現したためだと考えられている。

外観だけではない。内部は一階から三階まで天井が張られて床の間がもうけられ、しかも床の間の壁は漆喰ではなく紙の貼付壁なのだ。つまり障壁画で飾られることも想定されている。また床面も、現在は板張りだが部屋と部屋の境に敷居があるため、かつては畳が敷かれていたと考えられる。すなわち御殿同様の書院造である。戦闘的なつくりでないのは太平の世が続いていたからだとも考えられるが、さかのぼれば登場したての天守の内装は、安土城や豊臣大坂城が代表例だが、御殿のように絢爛豪華に飾られていた。だから、松山城天守内部の御殿風のしつらえを先祖返りととらえることもできる。

古代の仏教寺院、平城京や平安京などの都城はもとより、日本の建築は常に大陸の影響を、時代ごとに強弱はありながらも受けてきた。だが、松山城天守は鎖国が完成して二百年あまりがたち、海の外に目を向けるすべが、歴史上に類例がないほど長く失われた状況下で建てられた。

結果として、洗練度こそ高いものの、過去の天守とくらべて様式的な発展はなにも見られず、その構造も、さまざまな意匠も、すべてが過去のスタイルの使いまわしである。すなわち幕末に建ったのに、江戸初期の建築だといわれても違和感がない。それは二百数十年間にわたる、異次元の停滞を象徴している。

その後、海外に向けて開かれるやいなや、それまでの姿勢を百八十度変えて建築の急速な西洋化を推し進めた日本。松山城天守も完成から二十年もすると、建築様式が云々という以前に、文明開化のなかでその存在自体が旧時代の遺物とされてしまった。鎖国と開国は極端でバランスを失しているという点で紙一重である。

松山城天守は美しい。だが、それは極限まで達した停滞が打ち破られようとする目前に開いた、洗練されたあだ花の美しさだといえよう。

第12章

松前城と五稜郭

幕末に設計された最新の城が
役に立たなかった理由

築かれてすぐに戦闘を経験した二つの城

近世の城は領主の権力のシンボルでもあったが、城であるかぎりは戦闘が想定されていた。複雑な縄張りも、高く積まれた石垣や広い堀も、敵の攻撃を退け、同時に敵を攻めるためのものである。もっとも、慶長二十年（一六一五）の大坂夏の陣で豊臣氏が滅ぶと、二百数十年にわたって太平の世が続いたので、一度も戦闘を経験しないまま役割を終え、明治六年（一八七三）の「廃城令」によって消えていった城は多い。

一方、幕末になってあらたに築かれ、短いあいだに戦闘を経験したという例外的な城もある。蝦夷地（えぞち）、すなわち現在の北海道に築かれた松前城（まつまえ）と五稜郭（ごりょうかく）がその代表である。これら二つの城の成り立ちと、実際に繰り広げられた戦闘の模様を読み解くと、鎖国政策が貫かれた太平の世のあいだに、日本が失ったものも見えてくる。

最後の日本式築城となった松前城

函館（はこだて）から海沿いを南西に百キロほど行った松前町にたたずむ松前城は、城が築かれた台地の名にちなんで福山城ともよばれる。昭和二十四年（一九四九）まで天守（三重櫓）が現存していたが、町役場の失火が延焼して、惜しくも焼失してしまった。いま建っている

昭和35年に外観復元された松前城天守と現存する本丸御門

天守は、昭和三十五年（一九六〇）に鉄筋コンクリート造で外観復元されたものだ。しかし、天守の左側に構えられた本丸御門は焼失をまぬかれて現存する。また、搦手（からめて）二の門や天神坂門が木造で復元されるなど、城址の復元整備が進み、耐震性などに問題をかかえる天守の木造復元計画もある。

福山の地には、幕末まで城がなかったわけではない。慶長五年（一六〇〇）、松前慶広（まつまえよしひろ）が築城工事を開始し、同十一年までに、地元で福山城または松前城とよばれた事実上の城が完成している。ただし、松前氏は当時、幕府から城主大名と認められておらず、城を築けない立場だったので、正式には福山館とよばれていた。

それから二百有余年をへた嘉永二年（一八

四九）、二十一歳で十二代目の藩主になったばかりの松前崇広は、幕府から突然、城主大名への格上げを宣告され、築城を命じられた。理由は、「近来海岸防禦之義追々厚キ御処置モ有之折柄、異国境御要害ノ場所ニ付」というものだった。

このころ蝦夷地の沿岸には、アメリカやロシアなどの外国船がたびたび現れていた。とくに目立ったのはアメリカの捕鯨船で、北大西洋のクジラ資源が枯渇したため、あらたな漁場を北太平洋に求めていた。また、ロシアも凍らない港を求めて南下し、太平洋に進出しようとしていた。幕府はこれらの外国船を打ち払って海岸を防御するために、松前藩に城を築かせたのである。

城主大名への予期せぬ出世を遂げた松前崇広は、さっそく築城にとりかかり、縄張りを担当する兵学者には、そのころ三大兵学者の一人といわれた高崎藩お抱えの市川一学が選ばれた。長沼流兵学に精通した七十七歳の一学は、息子の十郎とともに松前にやってきて、領地内をくまなく周ったという。その結果、松前の地勢はすぐ後ろが山、前が海で、防御するうえで問題があるとして、箱館（いまの函館）後方の庄司山付近への築城を勧めたのだが、最終的には福山館の地に、元来の施設を活かしながら築城することに決まった。

それでも費用の捻出は困難だったが、家臣の俸禄の一割を献上させ、町屋にも寄付を求めるなどして、安政元年（一八五四）九月に城は完成。コストの問題もあって、本丸御殿

松前城の海側の城壁は複雑に曲げられたが

松前城にもうけられた台場のひとつ、五番台場の跡

や太鼓櫓などは福山館のものが再利用されながらも、最高水準の江戸兵学が供された。その結果、横矢（側面からの攻撃）を自在にかけられるように海側の城壁は複雑に曲げられ、城門の枡形を変形させるなど、非常に凝ったつくりになった。

とはいえ、本丸には事実上の天守である三重櫓が新築されるなど、織田信長以来の近世城郭のスタイルを踏襲しており、事実、ほぼ最後となる日本式の築城だった。そうではあっても、新設された三の丸には七座の砲台が設置された。築城の目的が外国船の打ち払いだから当然だが、当時としては最新のものと理解されていた西洋式の築城術も採用されたのである。

フランス軍艦の書類をもとに設計された五稜郭

一方、松前城が完成する間際であった安政元年六月、幕府は箱館と周辺五里（約二十キロ）四方を松前藩から没収し、直轄地とした。この年の三月には日米和親条約が締結され、箱館は一年後に開港されることが決まっていた。幕府は海防および諸外国との対応を、松前藩だけで行うのは無理だと判断したのだ。

そして箱館奉行が新設され、勘定吟味役でペリーとの開国交渉に参加し、海防掛（がかり）や大砲鋳立掛なども経験していた竹内保徳（たけうちやすのり）が就任した。続いて、やはり海防掛や蝦夷地掛の経験がある堀利熙と村垣範正も同役に任命され、安政三年（一八五六）以降、箱館奉行は三人体制になった。彼らの後任もふくめ、箱館奉行には総じて外国通の開明派が充てられた。

箱館奉行たちにとっての懸案事項は、当然のことながら幕府の領地の防衛強化で、そのために沿岸に台場を築くことが検討された。加えてもうひとつ、安政元年の時点ですでに幕府に上申していた事柄があった。箱館奉行の役所は当初、艦船の標的になりやすい箱館山山麓の高台にあった。このため、港湾から二十四〜二十五町（約三キロ）離れた、当時の大砲の射程距離外と思われる位置で、なおかつ外洋の動静も把握できる場所に役所を移し、四方に土塁をめぐらせたい、と訴え出ていたのである。

では、どんな形状の土塁で奉行所を囲むのか。田原良信著『五稜郭　幕末対外政策の北の拠点』によれば、安政二年（一八五五）七月に箱館に入港したフランス軍艦コンスタンティーン号の記録には、パリ郊外には土塁に守られた砲台が配備されており、あらたに台場を築くならそれに関する書類を写しとってもよい、と提案していた旨が書かれているという。実際、この提案をもとに後日、箱館奉行に仏書が贈呈されたようだ。

また、箱館奉行は安政三年、西洋の学問や技術を研究ならびに教授する教育機関「箱館諸術調所」を開設し、緒方洪庵や佐久間象山に学んだ蘭学者、武田斐三郎がその教授役に任命されていた。そして、この人物がコンスタンティーン号副艦長から直々の指導を受

五稜郭タワーから見下ろした五稜郭。手前に半月堡

け、大砲の設計図や西洋式の土塁の絵図面を写しとった。こうして、「稜堡」とよばれる五つのとがった張り出しがあって、星形の水堀がめぐらされた土塁を武田が設計し、役所の建物を囲むことになったのである。

このような星形の要塞は、十五世紀末にイタリア半島で誕生しており、五つの「稜堡」は、銃や火砲などで攻撃する際、死角を生まないために考案されたものだった。尖った部分から見渡せる範囲は広く、また、ひとつの稜堡が

攻撃されても、ほかの稜堡から寄せ手に向けて援護射撃できるというわけだ。

当時は原野だった内陸の亀田の地で安政四年（一八五七）に工事がはじまり、冬場の凍結による堀の側面崩壊といった困難を克服しながら、七年後の元治元年（一八六四）四月に完成すると、箱館奉行の役所は六月にここに移った。こうして、幕府による蝦夷地統治ならびに防衛と外交の拠点は、俗に五稜郭とよばれた、ヨーロッパ由来の稜堡式の要塞内に置かれることになったのである。

星形の真ん中に復元された箱館奉行所

五稜郭の特異な形状を俯瞰するためには、まず五稜郭タワーに登るといい。城郭から突き出した五つの「稜堡」からは、となりの稜堡や稜堡間のへこんだ部分まで広く見渡せて、死角をつくらずに攻撃できることが、上から眺めると理解しやすい。

また、タワー側には城郭本体から離れて、三角形の「半月堡」が見える。隣接する稜堡の出入り口を援護射撃するための施設で、当初は五つの稜堡すべてに設置される予定だったのだが、工事に困難がともなうなどして計画が縮小され、結局、正面一カ所に設置されただけだった。城郭全体を囲む堀は、外周が約一・八キロで、幅は最大で三十メートルほどである。

タワーから下りて半月堡に入ると、石垣の最上段から二段目の石が外側にせり出しているのに気づくだろう。敵の侵入を防ぐための「刎ね出し」である。二の橋を渡った先が郭内で、幅二十七〜三十メートル、高さ五〜七メートルの主土塁が堀に沿ってめぐらされている。ここ大手および搦手は、冬に土塁が凍結して崩落するのを防ぐために石垣が積まれ、やはり最上段から二段目に「刎ね出し」がある。

また、出入り口の正面には、外からの視野をさえぎり、近くからの射撃を防ぐための「見隠塁」がもうけられている。同様のものがほか二カ所の出入り口にも設置され、それぞれ正面と側面には石垣が積まれている。

内郭のほぼ中央には平成二十二年（二〇一〇）に、箱館奉行の役所、いわゆる箱館奉行所が全体のほぼ三分の一、約千平方メートルにわたって復元され、五稜郭内のランドマークになっている。

五稜郭内の建造物はほとんどが明治四年（一八七一）までに、開拓使によって解体され

五稜郭の石垣には敵の侵入を防ぐための刎ね出しが

復元された箱館奉行所

てしまった。だが、昭和六十年（一九八五）からの発掘調査の成果のほか、古写真や古図面、文献資料などをもとに検討を重ねた末に、かつての役所の中心部分が木造で、可能なかぎりオリジナルに忠実に再現されたのである。入母屋屋根の中央に太鼓櫓が建つ印象的な建造物で、屋根瓦の微妙な色合いまで細かく検討されたという。

実戦であえなく落ちた二つの城

さて、最後の日本式城郭と、フランスの書物から学んで設計した西洋式の城郭。新造された対照的な二城はどちらも冒頭に記したように、間もなく実戦に供せられた。

明治元年（一八六八）十月二十六日、榎本武揚（えのもとたけあき）率いる旧幕府脱走軍は箱館を占領し、五稜郭に入城した。この年の四月十一日、江戸城が新政府軍に明け渡されると、徳川宗家の所領は幕府時代の一割にすぎない静岡七十万石に削られてしまった。こうして職を失った旧幕臣たちを中心に、蝦夷地の開拓をめざした脱走軍が組織されて箱館に入ると、新政府の箱館府の守備隊はあっけなく敗北。それを知った清水谷公考（しみずだにきんなる）以下の官僚は青森に脱出したため、脱走軍は無人となった五稜郭に簡単に入ることができたのである。

そして十月二十八日、元新選組副長の土方歳三（ひじかたとしぞう）が指揮する八百人の陸軍部隊は、松前城の攻略に向かった。十一月一日には脱走軍の軍艦「蟠龍（ばんりゅう）」が松前湾に現れ、海上から城への砲撃を開始し、天守二階や本丸御門にも命中している。松前藩も城内や周囲の砲台から砲撃し返したが、十一月五日、脱走軍は大手と搦手、すなわち海側と北方の台地側の双方から城へと攻め進んだ。海上からは軍艦「回天（かいてん）」が砲撃して土方らを援護した。

その際、松前城にとっては、北側の構造的な欠陥が致命傷になった。そこはゆるやかな台地が城を見下ろす、攻める側に有利な地形で、だから兵学者の市川一学も、この地への築城をためらったのである。ところが、守るには不利な地形であるとわかっていたはずなのに、海防を意識しすぎるあまり、ウィークポイントの北側には、高台の寺町とのあいだにわずかな土塁と石垣、申しわけ程度の堀しかもうけていなかった。

脱走軍は北側から北郭に侵入し、本丸内で激しい戦いを繰り広げたのち、わずか一日で松前城を攻め落とした。敗れた藩兵は寺町や市街の各所に火を放って逃げ去っている。

だが、それから半年もたたない明治二年（一八六九）四月十七日、今度は新政府軍に反撃された松前城は、やはり北側から攻め込まれて、簡単に奪回されている。

その後、新政府軍は脱走軍を箱館に追いこむと、五月十一日に総攻撃をはじめた。十二日以降は新政府軍の軍艦が箱館港に深く入り込み、五稜郭への砲撃を開始する。とりわけ軍艦「甲鉄（こうてつ）」が繰り出す七十斤砲弾に威力があり、奉行所の屋根にそびえる太鼓櫓が標的になって砲弾が命中している。

それでも脱走軍は、勧告された降伏をこばんでいたが、五月十五日に箱館湾を防備していた弁天岬台場が降伏。十六日には千代ヶ岱台場と五稜郭が完全に包囲され、その日未明の千代ヶ岱台場における白兵戦をへて、ついに榎本らは降伏した。ここに箱館戦争は終結し、翌日、五稜郭は明け渡された。

五稜郭は最新式ではなく旧式の城だった

先に「対照的な二城」と書いたが、実戦においては結局のところ、どちらも役に立ったとはいえない。

松前城は北側の守りの欠陥もさることながら、艦砲射撃の標的になる天守や櫓を好んで建てたことからして、外国船を打ち払うための城という所期の目的にかなう造りにはなっていなかった。だが、日米和親条約締結前の築城計画であったことを考えれば、致し方ないともいえる。では、フランス軍人の指導のもとに築かれた五稜郭は、時代の先端をいく城だったのだろうか。

イタリアで稜堡式の要塞が誕生した理由は、城攻めの兵器が鉄砲および大砲になったことと切り離せない。それまでヨーロッパの要塞は、高層の城塔がいくつも建ち、そのあいだをカーテン・ウォールとよばれる高い城壁で結ぶスタイルが一般的だった。敵の兵器による攻撃に、これで十分に耐えることができたのだ。ところが大砲で攻撃されると、当時の大砲はたんに石を飛ばすだけであったのに、高い城壁は破壊され、敵に突破口を簡単につくられてしまうことになった。それに守る側も、高い城壁のうえからでは、大砲も鉄砲も安定して撃つことができない。

このため要塞は、砲弾が着弾した際の衝撃が緩和されるように、城壁を低く構えるように変わっていった。それなら守る側も低い位置からの低弾道射撃が可能になり、敵に命中する確率も高まる。加えて、小銃で敵をむかえ撃つ際に、死角を減らしてより有効に射撃できるように、稜堡という形態が生み出されたのである。

だが、それは十五世紀から十六世紀に起きたことである。稜堡式の要塞は鎖国政策をとる以前の、ヨーロッパとの交流が盛んだったころの日本に伝えられていても不思議ではないほど、古くに誕生したものだったのだ。ヨーロッパでは、すでに十六世紀から十七世紀にかけて規模が拡大し、都市全体を囲む稜堡式要塞も登場した。形状も星形にとどまらず、もっと多角形のものも現れていた。

そうした変化は、主に火砲類の進化に対応した結果だが、大砲の破壊力や射程距離が増すにつれ、そもそも稜堡式の要塞自体が、実戦であまり役に立たなくなっていった。現に五稜郭は、海岸から三キロ離れていたにもかかわらず、新政府軍の軍艦「甲鉄」に搭載されていた射程五キロのアームストロング砲で正確にねらわれた。

では、誕生してから三百年以上もたち、ヨーロッパではすでに旧式とされていたスタイルの要塞がなぜ、いまさら日本に受け入れられたのだろうか。当時、フランスやオランダはアジア圏など自国の植民地政策にかかわる地域に、稜堡式要塞をいくつも築いていた。コンスタンティーン号の副艦長らは、自分たちから見て未開だと判断した地域には、この手の旧式の要塞を築いておけばよい、という意識をいだいていたのかもしれない。

五稜郭を設計した武田斐三郎は、蘭書などを通じて西洋兵学に精通していたから、稜堡式の要塞についても、コンスタンティーン号から提案を受ける以前に、一定の知識をもっていたに違いない。軍備の西洋化が急速に進められるなか、要塞についても西洋のスタイルの導入が急務だと、武田が考えたことは想像にかたくない。

しかし、二百年以上にもわたって事実上、西洋との交流を断ってきたのが日本である。そのなかにいては、西洋兵学のうち、どれが旧式でどれがあたらしいのか、判断するのは困難だったことだろう。

おわりに

はじめて城と出逢ったのは、小学三年生か四年生のときだったと思う。母と一緒に小田原城の白亜の復興天守を訪れ、その造形に魅せられて、天守の姿をした金色の小さな置物を買ったのだが、実見した姿とは破風の位置がどうもちがう。不審に思ったら、それは彦根城の模型に「小田原城」というラベルを貼りつけたというシロモノだった。

中学生になると、いま風にいうなら城に「どハマり」して、城の本を読みあさり、まとまった時間ができるたびに城をめぐるようになった。

まだ一人での外泊が許されず、横浜の自宅から出かけられる地域はかぎられていたが、静岡や名古屋の親戚宅を根城にすれば、滋賀県や福井県までなら射程に入った。もう時効だろうから白状するが、そのころは史跡を勝手に掘ってはいけない、という意識がなく、かばんにシャベルを入れて安土城を訪れ、金箔瓦を掘り出したりしたものである。

一方、自宅から比較的近かったこともあって小田原城に通いつめ、総構の土塁と空堀に魅せられてからは、土の城への関心も高まった。父に頼んで最大五十メートルまで測れる巻き尺を手に入れ、小田原城の支城で、自転車でわけなく訪れることができた小机城に通い、実測図をつくろうと試みたりした。

また、やはり小田原の支城で、まだ整備されていなかった八王子城をくまなく歩き、藪のなかのそこかしこに石垣の名残を見つけた。当時の書籍には、この城の遺構は土塁と空堀だけであるかのように書かれていたが、「石垣が築かれているではないか」と興奮したのが忘れられない。

しかし、そうして城に魅せられてみると、不思議に思えてくることも多かった。土づくりの中世城郭と、壮大な石垣がめぐらされ、豪奢な天守が建つ近世城郭とのあいだに、なぜこれほど大きな乖離があるのか。城の姿は短い期間に、なぜこうも劇的に変わったのか。それとくらべて、江戸時代は初期から幕末まで二百数十年間もの月日が流れたはずなのに、変化が小さすぎるではないか。

明治維新をむかえて以降のことも、疑問の山となった。長く地域に馴染み、景観をかたちづくってきた城を、政治体制が刷新されるやいなや、日本中で簡単に破壊してしまったのはなぜだろうか。

その後、ヨーロッパに通うようになって、気づくことがあった。ヨーロッパの景観は蓄積によって構成されているのに対し、日本の景観は絶えず更新されている。

むろん、例外はいくらでもある。ヨーロッパでも、ナポレオン三世によるパリの大改造を例に挙げるまでもなく、強大な権力が旧い街を更新して、計画都市を一から築くことは少なくなかった。とはいえ、やはりヨーロッパには、旧建築を使えるかぎり使いつつ、そこに積み上げるように都市を発展させてきたケースが多い。背景には石づくりと木造の差異もあれば、災害の頻度も関係しているだろう。

しかし、それ以上に私が感じたのは、海外からの影響の受け方における差異だった。複数の国と地続きのヨーロッパ諸国は、隣接する国々からの影響は、よくも悪くも日常的なものだった。一方、海に囲まれている日本では、渡来人たちが大陸の文化を伝えたときから、海の向こうの事物は、ことさら貴重だった。それだけに憧憬の的にも、憎悪の対象にもなりやすかった。すなわち、島国である日本では、海外の事物との距離のとり方が難しいのである。

鎖国といういびつな閉鎖政策をとったのも、明治になるやいなや極端なまでに欧化を志したのも、そう考えれば合点がいく。日本では昔もいまも、海外との距離のとり方がぎこちなく、生活様式にせよ、都市景観にせよ、そのアンバランスな距離感に翻弄されてしまうのである。

ヨーロッパを見慣れた目で、あらためて日本の城を眺めると、城こそ大いに翻弄されてきたようにみえる。すなわち、城は日本の文化の縮図であるだけに、その長所も欠点も映し出す鏡なのではないかと。

城の美しさを愛で、かつての城主に思いを馳せ、その高度な防御性に感心するのもいい。しかし、それだけではもったいない。城は日本や日本人、日本文化の特性について、もっと多くのことを語りかけてくれる。教養の母胎であるかのように。

本書はファッション&ライフスタイル誌『GQ Japan』のウェブ版に、二〇二一年秋から二十回にわたって連載した「世界とつながっている日本の城」をベースに、大幅に修正し、書き加えたものである。連載に際しては、GQ Japan編集部の岩田桂視さんに、新書にするにあたっては平凡社の岸本洋和さん、安藤優花さんにお世話になった。ここにあらためて謝意を述べたい。

二〇二三年一月

香原斗志

主要参考文献

『南蛮幻想 ユリシーズ伝説と安土城』（井上章一、文藝春秋、一九九八年）
『完訳フロイス日本史1～12』（ルイス・フロイス、松田毅一・川崎桃太訳、中公文庫、二〇〇〇年）
『クアトロ・ラガッツィ 天正少年使節と世界帝国』（若桑みどり、集英社、二〇〇三年）
『復元 安土城』（内藤昌、講談社学術文庫、二〇〇六年）
『徹底復元◆覇王信長の幻の城 よみがえる真説安土城』（三浦正幸監修、学習研究社、二〇〇六年）
『発掘調査20年の記録 安土 信長の城と城下町』（滋賀県教育委員会編、サンライズ出版、二〇〇九年）
『信長の城』（千田嘉博、岩波新書、二〇一三年）
『織田信長の城』（加藤理文、講談社現代新書、二〇一六年）
『バテレンの世紀』（渡辺京二、新潮社、二〇一七年）
『戦国日本と大航海時代 秀吉・家康・政宗の外交戦略』（平川新、中公新書、二〇一八年）
『信長と家臣団の城』（中井均、KADOKAWA、二〇二〇年）
『織田信長 戦国時代の「正義」を貫く』（柴裕之、平凡社、二〇二〇年）
『16世紀「世界史」のはじまり』（玉木俊明、文春新書、二〇二一年）
『大坂城』（岡本良一、岩波新書、一九七〇年）
『建築家秀吉――遺構から推理する戦術と建築・都市プラン』（宮元健次、人文書院、二〇〇〇年）

『名城の由来　そこで何が起きたのか』（宮元健次、光文社新書、二〇〇六年）
『大坂城を極める』（中井均、サンライズ出版、二〇一一年）
『日本人はどのように建造物をつくってきたか　新装版・大坂城　天下一の名城』（宮上茂隆、イラストレーション・穂積和夫、草思社、二〇一四年）
『豊臣大坂城　秀吉の築城・秀頼の平和・家康の攻略』（笠谷和比古・黒田慶一、新潮社、二〇一五年）
『大坂城全史——歴史と構造の謎を解く』（中村博司、ちくま新書、二〇一八年）
『大阪城　史跡探訪』（大阪城天守閣、二〇一九年）
『大坂城　秀吉から現代まで50の秘話』（北川央、新潮新書、二〇二一年）
『図説 日本の城と城下町①　大阪城』（北川央監修、創元社、二〇二二年）
『シリーズ「遺跡を学ぶ」43　天下統一の城　大坂城〈改訂版〉』（中村博司、新泉社、二〇二二年）
『「歴史群像」名城シリーズ8　小田原城　関東の入口を押さえた武略と治世の城』（学習研究社、一九九五年）
『北条氏五代と小田原城』（山口博、吉川弘文館、二〇一八年）
『戦国北条家の判子行政　現代につながる統治システム』（黒田基樹、平凡社新書、二〇二〇年）
『戦国大名・北条氏直』（黒田基樹、KADOKAWA、二〇二〇年）
『城と隠物の戦国誌』（藤木久志、ちくま学芸文庫、二〇二一年）
『熊本城　歴史と魅力』（富田紘一、熊本城顕彰会、二〇〇八年）
『熊本城のかたち　石垣から天守閣まで』（熊本日日新聞社編集局編、弦書房、二〇〇八年）
『復興熊本城 Vol.1〜5』熊本城総合事務所／熊本城調査研究センター、熊本市／熊本日日新聞社、二〇一

七〜二一年）
『『復興熊本城』別冊 天守閣完全復旧記念 熊本城天守閣常設展示図録』（熊本城総合事務所／熊本城調査研究センター、熊本市／熊本日日新聞社、二〇二一年）
『秀吉と家臣団の城』（中井均、KADOKAWA、二〇二一年）
『世界文化遺産・国宝　姫路城の基礎知識』（姫路市立城郭研究室、二〇〇九年）
『増補　姫路城石垣の魅力』（姫路市立城郭研究室、二〇一六年）
『世界遺産・国宝　姫路城を歩く』（中川秀昭、神戸新聞総合出版センター、二〇一七年）
『世界遺産　姫路城　公式ガイドブック』（播磨学研究所編、姫路市教育委員会、二〇一八年）
『姫路城まるごとガイドブック』（芳賀一也、集広舎、二〇一九年）
『姫路城の「真実」』（播磨学研究所編、神戸新聞総合出版センター、二〇一九年）
『名宝日本の美術15　姫路城と二條城』（小学館、一九八一年）
『「歴史群像」名城シリーズ11　二条城　京洛を統べる雅びの城』（学習研究社、一九九六年）
『日本の伝統美とヨーロッパ』（世界思想社、宮元健次、二〇〇〇年）
『元離宮　二条城』（京都新聞出版センター編、京都新聞出版センター、二〇〇三年）
『すぐわかる寺院別障壁画の見かた』（宮元健次、東京美術、二〇〇八年）
『二条城行幸図屛風の世界　天皇と将軍 華麗なるパレード』（泉屋博古館編、サビア、二〇一四年）
『平安京は正三角形でできていた！　京都の風水地理学』（円満字洋介、実業之日本社、二〇一七年）
『ウィリアム・アダムス――家康に愛された男・三浦按針』（フレデリック・クレインス、ちくま新書、二〇二一年）

『新訂　幕藩体制史の研究』（藤野保、吉川弘文館、一九七五年）
『「歴史群像」名城シリーズ6　彦根城　湖面に映える井伊家の威風』（学習研究社、一九九五年）
『彦根城を極める』（中井均、サンライズ出版、二〇〇七年）
『ひこにゃんとお城で遊ぶ本　国宝・彦根城築城400年祭ガイドブック』（国宝・彦根城築城400年祭実行委員会／彦根城博物館監修、サンライズ出版、二〇〇七年）
『保存原論　日本の伝統建築を守る』（鈴木博之、市ヶ谷出版社、二〇一三年）
『日本の歴史的建造物　社寺・城郭・近代建築の保存と活用』（光井渉、中公新書、二〇二一年）
『家康と家臣団の城』（加藤理文、KADOKAWA、二〇二一年）
『徹底復元・金鯱を戴く尾張徳川家の巨城　よみがえる名古屋城』（小和田哲男・三浦正幸監修、学習研究社、二〇〇六年）
『名古屋城本丸御殿』（名古屋城本丸御殿PRイベント実行委員会、二〇一八年）
『近世城郭の最高峰　名古屋城』（三浦正幸監修、名古屋城検定実行委員会、二〇一九年）
『江戸の放火　火あぶり放火魔群像』（永寿日郎、原書房、二〇〇七年）
『歴史群像シリーズ特別編集［決定版］図説 江戸城 その歴史としくみ』（平井聖監修、学習研究社、二〇〇八年）
『江戸城　その全容と歴史』（西ヶ谷恭弘、東京堂出版、二〇〇九年）
『オランダ商館長が見た江戸の災害』（フレデリック・クレインス、講談社、二〇一九年）
『江戸城　将軍家の生活』（村井益男、吉川弘文館、二〇二一年）
『都市計画家（アーバンプランナー）徳川家康』（谷口榮、MdN新書、二〇二一年）

『江戸――平安時代から家康の建設へ』（齋藤慎一、中公新書、二〇二一年）
『キリシタン時代の研究』（高瀬弘一郎、岩波書店、一九七七年）
『原城と島原の乱――有馬の城・外交・祈り』（長崎県南島原市監修、新人物往来社、二〇〇八年）
『敗者の日本史14　島原の乱とキリシタン』（五野井隆史、吉川弘文館、二〇一四年）
『島原の乱　キリシタン信仰と武装蜂起』（神田千里、講談社学術文庫、二〇一八年）
『城割の作法　一国一城への道程』（福田千鶴、吉川弘文館、二〇二〇年）
『いにしえのときを刻む丸亀城　増補改訂版』（丸亀市観光協会、二〇一六年）
『シリーズ藩物語　宇和島藩』（宇神幸男、現代書館、二〇一一年）
『高知城を歩く』（岩崎義郎、高知新聞社、二〇〇一年）
『城と藩主と城下の基礎知識 松山城の秘密 新訂版』（土井中照、アトラス出版、二〇一一年）
『松山城』（西窪企画、二〇一六年）
『図説日本の城郭シリーズ4　築城の名手 藤堂高虎』（福井健二、戎光祥出版、二〇一六年）
『概説　松前の歴史』（松前町町史編集室編、松前町、一九九四年）
『箱館 五稜郭物語』（河合敦、光人社、二〇〇六年）
『五稜郭　幕末対外政策の北の拠点』（田原良信、同成社、二〇〇八年）
『名城物語　第5号　戊辰戦争の城』（学研パブリッシング、二〇一〇年）
『五稜郭歴史回廊ガイドVol.1 五稜郭誕生篇』（五稜郭タワー、二〇一一年）
『五稜郭歴史回廊ガイドVol.2 五稜郭激動篇』（五稜郭タワー、二〇一一年）
『幕末維新の城　権威の象徴か、実戦の要塞か』（一坂太郎、中公新書、二〇一四年）

『歴史群像シリーズ特別編集［決定版］図説 天守のすべて』（三浦正幸監修、学習研究社、二〇〇七年）
『より深くより楽しく　お城のすべて』（三浦正幸監修、学研パブリッシング、二〇一〇年）
『決定版　日本の城』（中井均、新星出版社、二〇二〇年）
『よくわかる日本の城　日本城郭検定公式参考書』（加藤理文、小和田哲男監修、ワン・パブリッシング、二〇二〇年）
『新編　日本の城』（中井均、山川出版社、二〇二一年）
『図説　近世城郭の作事　天守編』（三浦正幸、原書房、二〇二二年）
『図説　近世城郭の作事　櫓・城門編』（三浦正幸、原書房、二〇二二年）
『鎖国前夜ラプソディ　惺窩と家康の「日本の大航海時代」』（上垣外憲一、講談社、二〇一八年）
『世界史リブレット23　中世ヨーロッパの都市世界』（河原温、山川出版社、一九九六年）
『中世ヨーロッパの城塞　攻防戦の舞台となった中世の城塞、要塞、および城壁都市』（J・E・カウフマン／H・W・カウフマン、中島智章訳、マール社、二〇一二年）
『世界の城塞都市』（千田嘉博監修、開発社、二〇一四年）
『図解　城塞都市』（開発社、新紀元社、二〇一六年）
『日本人と神』（佐藤弘夫、講談社現代新書、二〇二一年）
「近世初期城下町のヴィスタに基づく都市設計――諸類型とその変容」（宮本雅明、『建築史学』第六号、一九八六年）
「昭和の大阪城復興天守閣の基礎構造について」（天野光三ほか、『土木史研究』第一七号、一九九七年）
「江戸初期の方位及び角度の概念から見た測量術の形成についての一考察」（鈴木一義・田辺義一、Bulletin

of the National Museum of Nature and Science. Series E, Physical sciences & engineering, 第三二号、二〇〇九年）

「近代の小田原城址における所有と利用の変遷及び風致保存の思想」（野中勝利、『ランドスケープ研究』第7巻、二〇一四年）

「日本における木造住宅の移築事例に関する研究——保存活用を目的とした展示施設への用途変更事例を中心として」（早川典子・高橋英久、『住総研研究論文集』、第四三巻、二〇一六年）

「人文地理学研究における視覚資料利用の基礎的研究——絵画・写真の構図に着目して」（麻生将ほか、『空間・社会・地理思想』第二二巻、二〇一九年）

「聚楽第余聞（三）　聚楽第と二条城の縄張りについての試論」（加藤繁生、『史迹と美術』第九〇七号、二〇二〇年）

画像出典一覧

p. 28　サンタ・マリア・デル・フィオーレ大聖堂
撮影：Gary Campbell-Hall
https://www.flickr.com/photos/garyullah/21208048669/

p. 37　システィーナ礼拝堂
撮影：Antoine Taveneaux
https://commons.wikimedia.org/wiki/File:Chapelle_sixtine2.jpg

p. 140　ローマのコロッセオ
撮影：FeaturedPics
https://commons.wikimedia.org/wiki/File:Colosseo_2020.jpg

p. 156　ティントレットによる「平和と正義の女神」
撮影：Sailko
https://commons.wikimedia.org/wiki/File:Jacopo_tintoretto,_il_doge_girolamo_priuli_riceve_dalla_giustizia_la_bilancia_e_la_spada,_165-67,_01.JPG

p. 157　ティントレットによる「信仰の女神の前にひざまずく総督」
撮影：Dimitris Kamaras
https://commons.wikimedia.org/wiki/File:Doge%27s_Palace_(Palazzo_Ducale),_Venice_(37100495393).jpg

p. 158　ドゥカーレ宮殿「謁見控えの間」天井
撮影：Joanbanjo
https://commons.wikimedia.org/wiki/File:Sostre_de_la_Sala_dell%E2%80%99Anticollegio_-_Palau_Ducal_de_Ven%C3%A8cia.JPG

p. 158　ドゥカーレ宮殿「大評議会の間」
撮影：Riccardo Lelli
https://commons.wikimedia.org/wiki/File:Interno_della_Sala_del_Maggior_Consiglio_-_Palazzo_Ducale,_Venezia.JPG

上記以外の写真は、注記したものを除き著者撮影です。

図版制作：丸山図芸社

本著作は、「GQ JAPAN Web」（CONDÉ NAST JAPAN/https://www.gqjapan.jp/）に2021年９月より2022年10月に掲載された「世界とつながっている日本の城」を元に、大幅に加筆・修正したものです。

【著者】
香原斗志（かはら とし）
歴史評論家、音楽評論家。神奈川県出身。早稲田大学教育学部社会科地理歴史専修卒業。執筆対象は主として日本中世史、近世史。著書に『カラー版 東京で見つける江戸』（平凡社新書）。ヨーロッパの音楽、美術、建築にも精通し、オペラをはじめとするクラシック音楽の評論活動も行っている。関連する著書に『イタリアを旅する会話』（三修社）、『イタリア・オペラを疑え！』（アルテスパブリッシング）など。

平 凡 社 新 書 1 0 2 3

教養としての日本の城
どのように進化し、消えていったか

発行日——2023年2月15日 初版第1刷

著者———香原斗志
発行者——下中美都
発行所——株式会社平凡社
〒101-0051 東京都千代田区神田神保町3-29
電話 (03) 3230-6580［編集］
(03) 3230-6573［営業］
印刷・製本—図書印刷株式会社
装幀———菊地信義

ISBN978-4-582-86023-8
平凡社ホームページ https://www.heibonsha.co.jp/